JN115278

事例で学ぶ
金融ADR制度
──販売・勧誘の現場で取るべき顧客対応

木内 清章【著】

Alternative
Dispute
Resolution

ビジネス教育出版社
BUSINESS KYOIKU SHUPPANSHA

は し が き

　金融 ADR（Alternative Dispute Resolution ）制度、すなわち「金融分
野における裁判外の紛争解決制度」が 2010 年にスタートしてから、10 数
年が経過しました。

　この間、制度の趣旨である、お客様にとって納得感のあるトラブル解
決・金融商品サービスへの利用者の信頼向上が着実に前進してきたことは、
その成果と評価できるでしょう。

　しかし、年々ADR 事案が増加傾向にあることは、金融機関として重く
受け止め、その改善に向けて努力していくことが重要です。

　特に、インターネットバンクの普及に連動した詐欺被害の増加、あるい
は投資信託や外貨建て保険に関する苦情の増加は、金融機関内部の問題に
とどまらず、社会的にも注目を集めているところでしょう。

　こうした背景をふまえ、本書ではまず、近時の ADR 事案の具体的な内
容を確認していきます。そして、金融機関の行職員がどのような対応を取
るべきであったかを考えていきます。

　ADR は、お客様とのやりとりの中で生じた小さな疑問や不満が、しだ
いに大きくなって生じてしまうものです。そこに至る過程で、金融機関が
お客様のニーズをより適切に把握することによって、防げたはずの事案も
少なくないことでしょう。

　「お客様に寄り添う」とは、多くの金融機関で基本的指針として掲げら
れることですが、一つひとつのやりとりの中で、どういった応対・説明が
求められているか？ 本書の中からも、つかみ取っていただきたいと思いま
す。

　2024 年 2 月

　　　　　　　　　　　　　　　　　　　　　　　　木内　清章

CONTENTS

第2部　ケースで学ぶ苦情対応と未然防止

第1章　顧客本位の業務運営

第2章　金融商品販売業務（投資信託）

第3章　預金業務（相続・マネロンなど）

第4章　保険販売業務

第5章　融資業務

第 1 部

金融 ADR 制度と
リスク管理の考え方

第1章　金融 ADR 制度とは？

 ADR（裁判外紛争解決手続）制度とは？

》》》裁判によることなく法的なトラブルの解決を図る手続

　ADR（裁判外紛争解決手続）とは、仲裁、調停、あっせんなど、**裁判によることなく法的なトラブルを解決する方法、手段**を総称したものです。裁判外紛争解決手続の利用の促進に関する法律（ADR 法、平成 16 年法律第 151 号）では、「訴訟手続によらずに民事上の紛争の解決をしようとする当事者のため、公正な第三者が関与して、その解決を図る手続」をいうとしています。ちなみに英語では、Alternative Dispute Resolution（裁判に代替する紛争解決手段）といい、わが国でもその頭文字をとって「ADR」と呼ばれます。

　ADR 法は、裁判外紛争解決手続についての基本理念、国・地方公共団体の負う責務、民間事業者の行う和解の仲介などについて定めた法律で、2007 年 4 月 1 日から施行されています。この法律は、裁判外紛争解決手続の機能を充実させることによって、紛争の当事者がその解決を図るのにふさわしい手続を選択することを容易にし、国民の権利利益の適切な実現に資することを目的としています。

　裁判と ADR には、次のような違いがあります。

① 　裁判を起こすのに相手の同意は必要ありませんが、ADR では**相手の同意**がなければ手続を始められません。

② 　裁判は、原則的に公開で行われますが、ADR は**非公開**で行われます。

③ 　裁判では、第三者である裁判官が解決案となる判決を下します。判決には**強制力**があり、当事者がこれを拒否することはできませんが、控訴・上告することができます。これに対して、ADR のうち、和解の仲介では解決案が提示されます

が、和解の仲介で提示された解決案には**強制力**がありません。

ここで「**和解の仲介**」（いわゆる「あっせん」「調停」）について説明しておくと、和解の仲介は、第三者が当事者の間に入り、考え方を整理するなどして双方の話し合いが円滑に進むよう努め、交渉を仲介して紛争の解決を図ります。また、当事者の合意による自主的解決を補助します。有効な和解の仲介が行われた場合には、みずから解決方法を選択できるため、当事者が納得しやすい紛争解決が可能です。

「調停」は、「あっせん」に比べて、第三者が積極的に当事者の間に入り、紛争解決の実質的内容についてもリードしていきます。「あっせん」は、当事者による自主的解決の援助を主眼とするもので、当事者の自主性により比重が置かれている点で「調停」とは差があると考えられています。

裁判と ADR の違い（主なもの）

	裁　判	ADR
実施主体	裁判官	各分野の専門家
秘密の保護	公　開	非公開
手続の進行	民事訴訟法に従った手続進行	ニーズに応じた柔軟な手続進行が可能
費　用	裁判所の訴訟費用	ADR 機関に支払う費用
強制執行力	あり	なし

》》》ADR の分類と民間事業者による認証 ADR ─運営主体による分類

ADR を運営主体によって分類すると、次のとおりです。

① **裁判所による ADR**…民事調停法上の調停（特定調停法上の特定調停）、家事審判法上の調停、労働審判法上の調停など。

調停は、訴訟と異なり、裁判官のほかに一般市民から選ばれた2人以上の調停委員が加わって組織した調停委員会が当事者の言い分を聴き、必要があれば事実も調べ、当事者の合意によって実情に即した解決を図る手続です。訴訟ほどには手続が厳格ではないため、だれでも簡単に利用できるうえ、当事者は法律的な制約にとらわれず自由に言い分を主張することができるという利点があります。また、成立した合意の内容を記載した調停調書は、確定判決と同様の効力を持ち、これに基づき強制執行を申し立てることもできます。

　　　なお、**民事調停**は、民事に関する争いを取り扱いますが、その例としては、金銭の貸借や物の売買をめぐる紛争、交通事故をめぐる紛争、借地借家をめぐる紛争、農地の利用関係をめぐる紛争、公害や日照の阻害をめぐる紛争等があります。また、借金を抱えている人がこのままでは支払いを続けていくことが難しい場合に、生活の建て直し等を図るために債権者と返済方法などを話し合う手続として、**特定調停**があります。

②　**行政機関によるADR**…独立行政法人国民生活センター、都道府県・市区町村の消費生活センター、都道府県労働局紛争調整委員会、建設工事紛争審査会など。

③　**民間ADR**…上記①、②以外の民間事業者が行うADR。

　　　民間事業者が行う和解の仲介の業務に関しては、その適正さを確保するため、一定の要件に適合していることを法務大臣が**認証**する制度が設けられています。認証を受けた民間事業者の和解の仲介業務には、時効の中断・訴訟手続の中止といった法的効果が与えられることになっています。

　　　なお、利用者に紛争解決手続についての選択の目安を提供するため、認証ADRの業務に関する情報が法務省「かいけつサポート―認証紛争解決サービス」ホームページ等で公表されています。

》》認証を受けることができる裁判外紛争解決手続の業務

　　法務大臣の認証を受けることができるのは、民間紛争解決手続を業として行う者（ADR法5条参照）です。「民間紛争解決手続」とは、**民間事業者**が、紛争の当事者が和解をすることができる**民事上の紛争**について、紛争の**当事者双方からの依頼**を受け、当該紛争の**当事者との間の契約**に基づき、和解の仲介を行う裁判外紛争解決手続のことをいいます（同法2条1号）。簡単にいうと、話し合いによって解決することができる民事上の紛争について、その当事者を仲介し、和解の成立に向けて調整を行う手続であって、民間事業者が行うものです。

　　法人のほか、法人でない団体で代表者または管理人の定めのあるものや個人も、認証の基準や要件を満たす限り、認証を受けることができます。また、仲裁法に基づく**仲裁**は、民事紛争解決のための手続の一つですが、仲裁やこれに類する手続は、紛争の解決を仲裁人という第三者にゆだねて、その仲裁人の判断に服するという制度で、話し合いによって解決を図るものではないため、その業務は、認証の対象と

はなりません。

　なお、わが国で仲裁や和解あっせん等を行う機関としては、いくつかの**弁護士会**が**紛争解決センター**を設けており、2023 年 3 月現在、全国で 39 センターあります。「仲裁センター」、「あっせん・仲裁センター」、「示談あっせんセンター」、「紛争解決センター」、「民事紛争処理センター」、「法律相談センター」、「ADR センター」などと呼ばれていますが、トラブルの相手方と相談者の話を聞き、証拠を検討したうえで、紛争の解決基準を作ります。民事上のトラブルを柔軟な手続により、短期間に、合理的な費用で、公正で満足のいくように解決することを目的としています（「日本弁護士連合会」ホームページより）。

金融 ADR 制度の概要

　まず、金融 ADR 制度の特色を整理しておくと、次のとおりです。
①　業態ごとに枠組みを導入するとともに、指定紛争解決機関（指定 ADR 機関）の設置を強制せず、任意としたこと。
②　他の ADR 分野に比べると詳細な行政監督規制があること。
③　紛争解決手続における金融機関の義務が、行為規制ではなく契約上の義務とされたこと。
以下、金融 ADR 法により新設された規定について、簡単に説明していきましょう。

》》指定 ADR 機関との手続実施基本契約の締結、代替措置の整備

　2010 年 10 月から銀行に対し、指定 ADR 機関との間で手続実施基本契約を締結するなどの措置を講じることが義務づけられました（銀行法 12 条の 3 第 1 項）。
　指定 ADR 機関が存在する場合には「一の指定 ADR 機関との間で手続実施基本契約を締結する措置」が、指定 ADR 機関が存在しない場合には「銀行業務に関する苦情処理措置および紛争解決措置（顧客との紛争の解決を ADR 法の認証を受けた業務として行う民間紛争解決手続により図ることまたはこれに準ずる措置）」が求められます。
　複数の業態にまたがって業務を行っている金融機関は、それぞれの業務に対応する指定 ADR 機関と手続実施基本契約を締結しなければなりません。たとえば、金

商法 33 条の 2 の規定に基づき投資信託の窓口販売を行っている、登録金融機関である銀行は、銀行業務に関する指定 ADR 機関（全国銀行協会）と、登録金融機関の業務に関する指定 ADR 機関（FINMAC）との間で、それぞれ契約を結ぶ義務を負うこととなります。

⫸現在の ADR 機関

以上が金融機関 ADR 制度の創設時点からの流れですが、その後、銀行・生損保など各業界ごとに体制整備を進め、2023 年現在では、概ね次のとおりの ADR 機関が設けられています。

全国銀行協会　　　　　　信託協会　　　　　　生命保険協会

日本損害保険協会　　　　保険オンブズマン　　日本少額短期保険協会

証券・金融商品あっせん相談センター（FINMAC）

日本貸金業協会

また、横断的な情報共有を目的として、金融トラブル連絡協議会が定期的に開催されています。ここでは、各 ADR 機関の業務実施状況、また不受理・不成立事案から見えてくる課題などが各団体から報告され、金融 ADR 全体としての質の向上が目指されています。

⫸公表・周知、顧客に対する紹介・案内義務

① **指定 ADR 機関の商号・名称の公表**

銀行は、手続実施基本契約を締結した場合には、指定 ADR 機関の商号または名称を公表しなければなりません（銀行法 12 条の 3 第 2 項、金商法 37 条の 7 第 2 項）。

② **契約締結前交付書面の記載事項への指定 ADR 機関の商号・名称の記載**

契約締結前交付書面とは、手数料や元本割れリスクの内容などの金融商品についての重要な事項を説明したものであり、取引の内容を顧客に正しく理解してもらうため、取引に先立って確認してもらう必要があります（銀行法 13 条の 4、同法施行規則 14 条の 11 の 27 第 1 項 18 号、金商法 37 条の 3 第 1 項 7 号、金融商品取引業等に関する内閣府令 82 条 15 号）。指定 ADR 機関の「連絡先」は、法令上の公表義務の対象とはされていませんが、現実に指定 ADR 機関に申立てを行う際に連絡先は必要な情報ですので、商号・名称とあわせて

記載することが求められます。

　ただし、金融 ADR 法施行前に交付されているものについては、施行後に改めて交付する必要はないものとされています。

　なお、指定 ADR 機関が存在しない場合は、苦情処理措置および紛争解決措置の内容の記載が求められます。

　また、この契約締結前書面の交付に関しては、金融商品取引法第 37 条の 3、第 37 条の 4、第 37 条の 6、第 40 条の 2、第 42 条の 7 各条項について、顧客への情報提供義務が定められることとなりました。具体的には、①顧客の知識・経験・財産・目的に照らして、理解されるために必要な方法と程度によって行うこと、また②この情報提供は、電磁的方法を含むこと、などです。法改正の施行は 2023 年 11 月 29 日から 1 年 6 か月以内、とされています。

③　**紛争解決等業務の実施について周知するために必要な措置**

　銀行法 52 条の 67 第 2 項 10 号、金商法 156 条の 44 第 2 項 10 号では、手続実施基本契約で定めるべき事項として、「その顧客に対し指定紛争解決機関による紛争解決等業務の実施について周知するため、必要な情報の提供その他の措置を講じなければならないこと」という紛争解決等業務の周知義務が規定されています。この場合、「**必要な情報の提供その他の措置**」としては、ホームページ・ポスター等で広く周知することや契約書・商品説明書等に記載することなどが考えられます。金融商品の販売にあたって、適切なタイミングで ADR 制度について利用者に周知していくことが求められます。

　なお、金融庁「指定紛争解決機関向けの総合的な監督指針」では、特に銀行窓販のように、利用者にとって、どの指定機関に申し立てることが可能か？などがわかりにくい場合もあり、利用者の立場に立ったていねいな窓口対応を行うべきことを示しています（同監督指針Ⅳ-2-1 ⑵ ②）。

》》手続応諾・資料提出・あっせん案尊重・特別調停案応諾義務

①　指定 ADR 機関・紛争解決委員は、苦情処理・紛争解決手続を開始した場合、加入銀行にこれらの手続に応じるよう求めることができ、銀行は、その求めがあったときは、**正当な理由**なくこれを**拒むことはできません**（銀行法 52 条の 67 第 2 項 2 号）。

②　指定 ADR 機関・紛争解決委員は、苦情処理・紛争解決手続において、加入

銀行に対し**報告**または**帳簿書類その他の物件の提出**を求めることができ、銀行は、その求めがあったときは、正当な理由なくこれを**拒むことはできません**（同項 3 号）。

③　紛争解決委員は、紛争解決手続において、銀行業務関連紛争の解決に必要な**和解案**を作成し、当事者に対し、その受諾を**勧告**することができます（同項 4 号）。

④　紛争解決委員は、和解案の受諾の勧告では当事者間に和解が成立する見込みがない場合には、紛争の解決のために必要な**特別調停案**を作成し、当事者に**提示**することができます（同項 5 号）。

ところで、和解案と特別調停案には、大きな違いがあります。それは、特別調停案については「金融機関への片面的受諾義務」があることです。このため、顧客の側が提示された特別調停案を良しとする場合には、金融機関の側だけがそれを拒絶することはできないわけです。

手続実施基本契約で銀行が負担する義務の不履行が生じた場合、指定 ADR 機関は、その銀行の意見を聴いたうえで、正当な理由がないと認められたときは銀行名と不履行事実を公表し、内閣総理大臣に報告しなければならないものとされています（銀行法 52 条の 68 第 1 項、金商法 156 条の 45 第 1 項）。

》》全国銀行協会相談室の苦情処理手続・あっせん委員会の紛争解決手続の流れ

あっせん委員会による ADR の流れは、①申立てと適格性審査　②申立て受理から事情聴取　③事情聴取から手続終了　の 3 段階に区分できます。

以下、その要点を整理してみます。

① 申立てと適格性審査

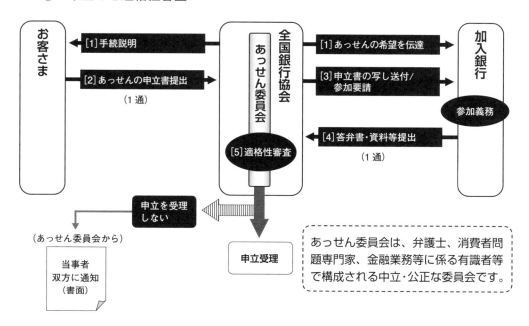

　全国銀行協会相談室（以下「相談室」とします）は、苦情対応では納得できない顧客に対しては、あっせん手続を利用できること・そのために申立書が必要であることを、説明します。

　そして、苦情の対象である金融機関に対しては、顧客からの申立書写を送付して、手続への参加を要請します。金融機関にとっては、この参加は任意ではなく義務となります。

　すなわち、あっせん委員会が相当の理由があると認めた場合を除いて、手続に参加しなければならないわけです。

　また金融機関は、この参加要請に対する答弁書を作成して、その他の資料・証拠書類とともに、２週間以内にあっせん委員会へ提出します。

　そして、あっせん委員会では、顧客からの申立書と金融機関からの答弁書によって、申立てに係る適格性の審査を行います。

② 申立て受理から事情聴取

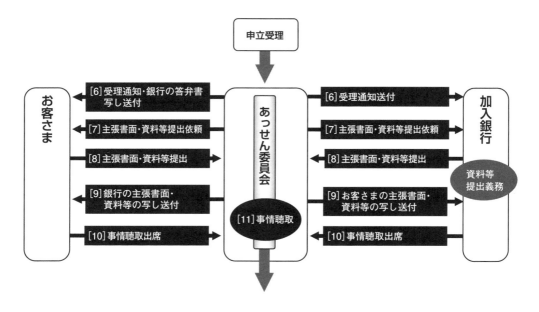

ア．あっせんの申立ての受理・不受理

　適格性の審査の結果、あっせん委員会が顧客の申立てを受理したときは、顧客と相手方銀行に対してその旨を書面により通知します。あわせて、顧客には相手方銀行からの答弁書の写しを送付します。

　適格性の審査の結果、あっせん委員会が顧客の申立てを不受理としたときは、顧客と相手方銀行に対してその理由を付して書面により通知します（紛争解決手続は終了となります）。

イ．主張書面や資料等の提出

　あっせん委員会は、顧客と相手方銀行に対してあっせんの申立ての趣旨に対する主張書面の作成を求めるとともに、追加の資料・証拠書類等がある場合にはその原本または写しの提出を求めます。

　相手方銀行は、資料・証拠書類等の提出を求められたときは、正当な理由なく、これを拒否してはならないこととされています。

　あっせん委員会事務局は、顧客と相手方銀行から提出された主張書面、資料・証拠書類等をそれぞれ相手方に送付します。

ウ．事情聴取のためのあっせん委員会への出席

　あっせん委員会は必要があると認めた場合、期日を定めて顧客と相手方銀行ま

たは参考人の出席を求め、事情聴取を行います。出席を求められた顧客と相手方銀行は、原則として自ら出席しなければなりません。

③　事情聴取から手続終了

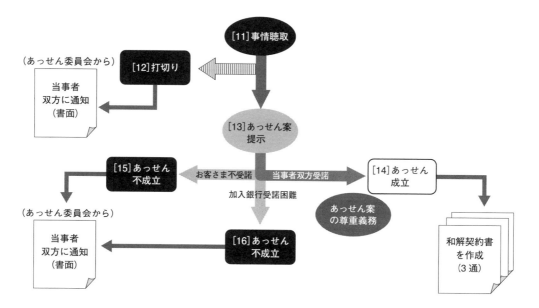

ア．あっせんの申立ての取下げ／打切り等

　顧客はいつでもあっせん申立取下書をあっせん委員会に提出することにより、あっせんの申立てを取り下げることができます。

　あっせん委員会は、紛争解決手続中の紛争事案について虚偽の事実が認められた、顧客と相手方銀行双方の主張に隔たりが大きい、顧客が業務規程や委員会の指示に従わない等の場合、紛争解決手続を打ち切ることができます。

イ．あっせん案・特別調停案の提示

　あっせん委員会は、顧客と相手方銀行双方のために衡平に考慮し、申立ての趣旨に反しない限度においてあっせん案を作成し、顧客と相手方銀行双方に提示してその受諾を勧告します。

　あっせん案の提示を受けた相手方銀行はこれを尊重し、正当な理由なく拒否してはならないこととされています。なお、あっせん委員会の判断により、相手方銀行にのみ片面的拘束力のある特別調停案を提示することがあります。

ウ．和解契約書の作成

　あっせん委員会の提示したあっせん案を顧客と相手方銀行双方が受諾したとき（あっせん成立）は、あっせん委員会は遅滞なく和解契約書を 3 通作成し、顧客、相手方銀行およびあっせん委員会（小）委員長がそれぞれ連署します（和解契約書の締結により紛争解決手続は終了します）。

エ．紛争解決手続の終了

　顧客と相手方銀行の一方または双方があっせん案を受諾しなかった場合には、あっせん不成立により紛争解決手続は終了します。

（以上、全国銀行協会ホームページより）

③ 近年の ADR の傾向

　ここでは、2022 年 4〜12 月期の証券・金融商品あっせん相談センター（FINMAC）における状況を参考にして、近年の ADR の傾向について考察をしてみます。

》》件　数

以下も含めて、相談・苦情・あっせん申立ての 3 段階に区分することができます。

	2020 年	2021 年	2022 年
相　談	3,580 件	2,998 件	3,489 件
苦　情	666 件	643 件	888 件
あっせん申立て	121 件	81 件	112 件

　この表にみるように、初期段階の相談件数が最も多く、最終的にあっせん申立てとなる件数は、少なくなっています。また、いずれの年度においても、3 区分の増加・減少の傾向については、類似していることもわかります。

≫相談の内容別

	2021 年	2022 年
制度について	947 件	908 件
勧誘について	147 件	406 件
売買取引について	447 件	659 件
事務処理について	484 件	446 件
運用・助言業務	26 件	36 件
その他	920 件	1,024 件
＜　計　＞	2,998 件	3,489 件

　上記の件数について、相談・苦情・あっせん申立ての各々の区分ごとに、その内容を整理してみます。

　あっせん申立てではなく、その初期段階としての相談であるため、証券会社の制度や体制面に関する相談が多いことに特徴があります。また同じく、明確な問題とはされないレベルの事務処理について、確認を求めることを含めた相談も多いといえます。

≫苦情の内容別

	2021 年	2022 年
勧誘について	190 件	413 件
売買取引について	238 件	249 件
事務処理について	135 件	121 件
運用・助言業務	12 件	8 件
その他	68 件	97 件
＜　計　＞	643 件	888 件

　苦情に発展する内容をみると、勧誘および売買取引に関するものの比率が高くなります。ただし、あっせん申立てにおいては、勧誘に関するものが大半を占める一方で、苦情においては、勧誘・売買取引の両者が、比較的同じような比率となっています。また、事務処理に関する苦情も、一定割合を占めていることもわかります。

⟫⟫あっせん申立ての内容別

		2021 年	2022 年
勧誘について		63 件	92 件
内)	説明義務	43 件	62 件
	投資適合性	17 件	22 件
	誤った情報提供	−	4 件
売買取引について		16 件	19 件
内)	過当売買	2 件	5 件
	解約阻止	3 件	5 件
	無断売買	2 件	1 件
事務処理		1 件	1 件
＜　計　＞		81 件	112 件

　あっせん申立ての内容については、ADR 事例の分析の項目（P.28 以降）でも、具体的なケースを考察しますが、説明義務を果たしていない勧誘に関するものが最も高い比率となっています。次いで、適合性の原則に外れる勧誘（知識経験の不足する顧客への勧誘・顧客のリスク許容度＝投資目的を超えた勧誘など）が高い比率となっています。これらはいずれも、金融商品取引法などの法令違反に直結する申立てです。

　また、売買取引については、金額および取引頻度などが過剰である過当売買、および解約阻止などが事案となっています。これらはいずれも、お客様の側でそのように受け止めれば、いったんは申立て対象となります。その申立ての妥当性については、最終的には紛争解決委員が判断していくことになりますが、まずはお客様が私たちの勧誘行為をどう受け止めているのか？　が大きなポイントとなってくるのです。

》》あっせん申立ての商品別

	2021 年	2022 年
株　式	16 件	16 件
債　券	28 件	64 件
投資信託	12 件	17 件
デリバティブ	23 件	13 件
その他	2 件	2 件
＜　計　＞	81 件	112 件

　あっせん申立てに至った事案のうち、最も多い商品は債券です。これは、仕組債の勧誘に関する事案が相当件数に及んでいるためと考えられます。仕組債は、為替レートや金利・株価指数などが一定条件に達することによって、投資元本が大幅に毀損する可能性があります。この可能性の度合いを、きわめて楽観的な表現で説明していたり、あるいは過去の実績を参照して「実質的には、発生の懸念はない」のような説明の仕方をすることによって、マーケットの変動の結果、あっせん申立てとなってしまう事案が少なくありません。

　また、投資信託の比率も比較的高くなっています。従前から、銀行・信用金庫など証券会社以外の金融機関でリスク商品への投資を行うお客様は、投資経験・知識などの適合性がそれほど高くない方も、例外ではありません。そして、銀行・信用金庫では投資信託がリスク商品販売の中核をなしているため、こうしたお客様と金融機関側の理解の離齬が、苦情そしてあっせん申立てに発展するおそれも高いといえるのです。

第2章 ODR（オンライン型 ADR）

　デジタル活用社会を推進していく一環として、ADR についてもデジタル化を進めていくべきことが、2021 年 6 月に政府で閣議決定されました。これを受けて、2022 年 3 月に「ODR(Online Dispute Resolution) の推進に関する基本方針 − ODR を国民に身近なものとするためのアクションプラン−」が、法務省においてまとめられました。ここでは、その内容を概観し、ODR への期待と課題について考えてみたいと思います。

　ODR は、国民に次のようなメリットをもたらすことが期待されます。

① 　当事者および調停委員が、話し合いの都度、一堂に会する必要がなく、時間・場所などの物理的な制約から解放される。紛争解決に要する経済的・時間的なコストが大幅に削減できる。

② 　スマホなどによっても手続に参加でき、また多様なコミュニケーション手段を組み合わせて、手続を進行させることができる。

　しかし、わが国の ODR への取組みは、未だ黎明期にあるといわれています。各地の弁護士会 ADR センターや認証民間 ADR 事業者による、Web 会議型 ODR への取組みもまだ一部にとどまっているのが実情です。

　これらをふまえて、次の骨子による短期的（1〜2 年）および中期的（5 年程度）の目標が設定されています。

短期目標の実現に向けた具体策

　民間事業者の ODR への参入を支援しながら、多くの国民に ODR の利便性を実感してもらうことにより、ODR の推進基盤を整える。

≫国民の日常への ODR の浸透（ODR の生活インフラ化）

① 　ODR の認知度を高めるための積極的・効果的な情報発信

　たとえば、ADR に関する周知のために、ODR 週間なども含めた、集中的・一体的な広報活動を行う。また、企業の苦情処理担当者などに向けて、ODR への理解を増進させていく。

② 　ODR 情報を容易に入手できるようにするための情報基盤整備

　これには、紛争解決事例の見える化を進めていくこと、また ODR 機関の検索を容易にできるようにすることなど。

≫ODR へのアクセス・ODR の質の向上

① 　相談から ODR への導線の確保

　相談機関から ODR 機関への紹介ルートを確立させるため、紛争分野ごとにオンライン・フォーラムを開催していくことや、法務省が関係団体と連携して、情報連携・管理のあり方を確立させていくことなど。

② 　ODR の使いやすさの向上

　これには、利用者や相談機関による評価の実施と検証を重ねること、ODR 機関同士の横の連携を促進していくことがある。

　また、ODR の前段階で当事者間の交渉の場を適切に設計する工夫（その事業者支援も含む）や、紛争解決費用保険など利用時の費用負担軽減のための工夫、も進める。

≫ODR 事業への参入支援

① 　参入を希望する事業者への技術支援等

　チャット型 ODR に必要な技術やデザイン関連情報を提供すること、また手続実施者育成のためのトレーニング・プログラムを提供することなど。

② 　デジタル・プラットフォーム関係紛争（e- コマース事業など）を扱う ODR の充実

　今後、かかるプラットフォーム事業において、ODR ニーズの拡大が予想される。

③ 　認証手続の迅速化等

　モデル手続規程を策定すること、また既存の認証 ADR 事業者が ODR を併用す

る場合の認証手続の簡素化、などを進める。

 ## 2 中期目標の実現に向けた具体策

機能やデザインにおいて、世界でも最高品質の ODR を社会実装することを目指す。

》相談・交渉・調停のワンストップ化

①　ワンストップサービスを提供するための環境整備

これには、システムにおいて準拠すべきデータフォーマットのあり方を検討する。

》世界トップレベルの ODR が提供できる環境の整備

①　最先端技術を取り入れた ODR の実証実験の支援

世界の ODR 技術の調査研究を進めること、官民連携による実証実験を進めることなど。

②　ODR に関するグローバルネットワークへの参画

》ODR における AI 技術の活用に向けた基盤整備

①　データベースの整備と民事判決情報のデータベース化

以上を骨子としたアクションプランが策定され、ODR の確立した社会整備が進められていくものです。

第3章　金融 ADR の事例と課題

 相談・苦情・あっせん申立ての傾向

　金融 ADR 制度は、相談・苦情・あっせん申立ての3段階から構成されています。利用者はどの段階についても、任意に選択して利用できますが、各々の具体例としては、次のような例示があります。

》》相　談

- ●合併前の銀行の古い通帳が出てきた。どうしたらよいだろうか？
- ●リバースモーゲージの商品内容について、教えてほしい
- ●親が認知症で施設に入所中。自分が代理人として、親の預金の払い出しはできるか？

》》苦　情

- ●口座の開設時に「紙の通帳の発行を希望」としたはずなのに、アプリ登録による無通帳口座しか開設することができず、納得がいかない
- ●マネーローンダリング対策ということで、本人確認書類として住民票を提出することになったが、自分がその取得費用を負担することに納得できない

　これらは一例ですが、相談とは質問に近い性質のものであり、一方で苦情はお客様として「このままでは容認できない」というより強い疑問を抱えているもの、といえます。

　これらは、相談を受ける側で、お客様の話の内容によって仕分けされていくものですから、入り口段階で明確に分かれているものではないでしょう。

》》あっせん申立て

　先に、証券・金融商品あっせん相談センター（FINMAC）の事案を参照しましたが、ここでは全国銀行協会相談室の 2022 年度を参照してみます。

2022 年度	計 88 件
証　券	約 44%
貸　出	約 16%
保　険	約 15%
預　金	約 5%
外国為替	約 5%
その他	約 16%

　比率の差はあっても、すべての業務から、あっせん申立てが生じていることが着目されます。投資信託などの証券業務・外貨建て保険などの保険業務に加えて、金利変動条件などについての貸出業務、マネロンに絡む外国為替業務など、ADR 事案はあらゆる業務において可能性がある、といえるでしょう。

2022 年度	計 81 件
和　解	38 件
打ち切り	19 件
不受諾	1 件
取り下げ	5 件
不受理	18 件

　2022 年度においては、約半数が和解に至った一方で、当事者双方の納得が得られず、打ち切り・不受諾となったものも全体の 25% 程度を占めています。この和解率を引き上げていくことが、かねてより金融 ADR の重要課題と位置付けられています。

》》あっせん利用者の評価

あっせん委員の説明	わかりやすかった	約 48%
	どちらかと言えばわかりやすい	約 29%
	どちらとも言えない	約 15%
	どちらかと言えばわかりにくい	約 6%
	わかりにくかった	約 2%

　これは、2022 年度あっせん利用者のうち、48 件の回答によるものです。

　あっせん委員の説明については、約 77%が概ね良好な評価をしていることがわかります。

あっせん委員の中立・公正性	信頼できる	約 38%
	どちらかと言えば信頼できる	約 40%
	どちらとも言えない	約 10%
	どちらかと言えば信頼できない	約 6%
	信頼できない	約 6%

》》利用者のコメントから考える課題

①　和解案で提示された銀行の負担割合が、想定していた額と比べると少なく、期待外れであった

　あっせん事例にもみるように、申立人の求める損害賠償金額と比べると、相当に減額された金額が提示されることは、少なくありません。しかしこれは、金融機関側から主張される申立人側の過失（さらには誤解や思い込みなど）も考慮していること、また和解させることを前提においているため、ある意味での「双方痛み分け」となること、から導かれるものです。

　一方で、これに大きく比重を置くことは、申立人が納得できないことによる打ち切り、和解率の低下をもたらします。公平・中立性が最も尊重されますが、それを維持しつつも、和解率を高めることが、難しい課題といえます。

②　書類を用意することなど、高齢者にとって負担が大きかった

　裁判であれば、弁護士が訴訟代理人となるため、コストはかかるものの、物理的

な負担は相当程度、軽減されるでしょう。しかし、ADR の場合は、申立人が独力で対応しなければならない部分も少なくありません。

　この点については、より簡易・合理的な証拠書類の準備方法を整えていくことが課題であると言えるでしょう。当事者が口頭弁論したことについて、証拠に裏打ちされて心証が形成されていくことは、裁判も ADR も共通する部分があると思われます。証拠（書証）となる書面の準備については、平常時から「保持し続けるべき書類はどれか？　どの書類が何を立証できるか？」について、お客様が理解・認識できるようにしていく工夫が必要といえるでしょう。

　また、申立人の負担という観点では、適切な面談時間と面談回数の確保、も重要です。現実的には、多過ぎることも少な過ぎることも、問題となります。調停は定型的な進行が制度上、求められる側面がありますが、ODR など物理的な制約を克服できるインフラが整備されていくことにあわせて、より柔軟な運用を進めていくことも課題といえるでしょう。

② ADR 事例の分析

　ここでは、2023 年 1 − 3 月期の証券・金融商品あっせん相談センター（FINMAC）における紛争解決手続事例を参考に、申立人（お客様）と被申立人（金融機関）がそれぞれどういった主張を行い、それがどのように評価されるのか？　について考察してみます。

事例1　普通社債（トルコリラ建て外債）の勧誘に関する紛争

≫≫申立人の主張

　被申立人・担当者から勧められて、トルコリラ建て債券を購入したところ、損害を被った。勧誘時に、担当者から為替リスクの説明は受けたが、債券単価の変動に関する説明までは受けておらず、送付された取引残高報告書によって初めて、債券単価が購入時よりも下回っていることを認識した（ポイント①）。債券単価が購入価格を下回ることがあることを認識していれば、購入しなかった（ポイント②）。

　担当者に購入資金が不足していることを伝えており、本件債券の購入資金には、

夫の資金も含まれていることを伝えていた（ポイント③）。

　担当者から、本件債券のリスクについて適切な説明を受けていれば、すべての財産分の購入はしなかったため、被った損害約 820 万円の賠償を求める。

》》被申立人の主張

　申立人への勧誘時、担当者は為替変動リスクについて最低限の説明は行っており、説明義務違反が認められるような状況にあったとは言えないが（ポイント④）、申立人の理解を得られるような説明を十分に行っていたとは言い難い状況もあると考えるため、一定の責任があることは否めない（ポイント⑤）。

　他方、申立人は為替変動リスクを認識したうえで本件債券を購入し、購入してから 1 年後には、多額の含み損が出ていることを認識しながらも、自らの判断により継続保有する判断を行っていることをふまえると、申立人にも大きな過失がある（ポイント⑥）。あっせん委員の見解を聞いたうえで、妥当な解決を図りたい。

》》和解成立

　被申立人が、申立人に約 100 万円を支払うことで、双方が合意した。

》》紛争解決委員の見解

　被申立人・担当者の、申立人に対する勧誘に、適合性の原則や説明義務に反するものは認められない（ポイント⑦）。

　しかしながら、申立人の資力等に照らして、過大と思われる金額を購入させており（ポイント⑧）、申立人に為替リスクを認識させる方法に不適切な部分があった（ポイント⑨）。

　被申立人が一定の金額を支払うことが妥当である。

解　説

　この事例は、お客様側と金融機関側の主張が、真っ向から対立しているわけではなく、金融機関側がある程度の部分、説明不足を認めているところに特徴があります。お客様側がポイント①・②にあるように、債券価格の変動リスクについて説明を受けていなかったとしたことに対して、金融機関側はポイント④で、それを説明義務違反とまで言われるものではないとしつつも、それでも「申立人の理解を得られるような

説明を十分に行っていたとは言い難い」ことをポイント⑤で認めています。

　しかしながら、含み損が生じていることを認識しながらも、申立人は自らの判断でその後も保有を継続してきたわけだから、本件の損失発生について申立人の過失は大きい、という点をポイント⑥で指摘しているのです。

　このように、購入時点のやりとりだけではなく、そこから先の保有期間において、どういったアフターフォローがなされてきたか、という点も含めて評価されていることに着目できます。紛争解決委員の見解でも、ポイント⑦で勧誘自体に適合性の原則違反や説明義務違反はない、としつつも、お客様の資力に照らして過大な金額であることなどを指摘して、一定の支払いを求めました。

　購入一時点だけではなく、損失が現実化するまでの連続性の中で両者の主張を評価していること、また勧誘の適切性のとらえ方についても、単に説明をしたかしないかではなく、お客様の資産におけるウエイトなども勘案していること、などがこの事例からはうかがえます。

事例2　仕組債の勧誘に関する紛争

≫≫申立人の主張

　被申立人・担当者から勧められて、期限前償還条項付き仕組債を購入したところ、損害を被った。「リスクの高い金融商品の購入は避けたい」旨を担当者に伝えていたにもかかわらず、本件仕組債を勧められた（ポイント①）。

　不安を覚えていた私に対して、担当者は「大丈夫」と発言しており、この発言を信用して購入したものである（ポイント②）。

　仕組債の仕組みについて、十分な説明も受けていない。説明義務違反等により被った約 730 万円の賠償を求める（ポイント③）。

≫≫被申立人の主張

　本件・仕組債の提案時、担当者は、資料を基に商品内容や為替変動リスク等について十分な時間をかけて詳しく説明を行い、申立人が理解をしたことを確認している（ポイント④）。

　説明時に「大丈夫」などと発言したこともない（ポイント⑤）。

　申立人は、他の金融商品取引業者においても、株式等の取引経験を有しており、

判断能力や保有資産状況等にも問題なく、適合性に問題はない（ポイント⑥）。

申立人の主張する事実はなく、請求には応じられない。

》》和解成立

被申立人が、申立人に約100万円を支払うことで、双方が合意した。

》》紛争解決委員の見解

被申立人・担当者が、申立人に仕組債の仕組み等について、一定程度の説明を行っていることはうかがえる（ポイント⑦）。

しかしながら、本件・仕組債の勧誘時、担当者は申立人にはリターンを重要視し、リスクを軽視する傾向があることを認識しながらも、本件以前に勧めていた仕組債よりも、リスクの高い本件・仕組債を勧誘し、リスクを十分に理解させることのないまま、購入させていた可能性がある（ポイント⑧）。

よって、申立人に一定の金額を払うことが妥当である。

[解 説]

この事例については、お客様と金融機関側の主張が、正面から相対しているところがあります。担当者が、勧める仕組債について「大丈夫」と発言したか否かについて、ポイント②と⑤で相違があります。このような発言の有無については、あっせんの場面では面談記録などで検証していくことになります。当然のことながら、記録を残すのは金融機関側の役割ですから、説明に用いた資料などと合わせて、より具体的な発言内容などを記載しておくことが、後日の紛争を想定するときわめて重要になります。

ポイント①の「リスクの高い金融商品の購入は避けたい」旨を担当者に伝えていた、との主張の真偽についても、紛争解決委員としては面談記録の内容に重きをおいて、判断していくことになるでしょう。

また、ポイント⑥で、金融機関側はお客様の適合性が十分であることを主張しています。これについても、顧客カードが直接の資料となりますが、その内容（データ入力更新時）について、担当者とお客様の質疑応答などのやりとりが、どの程度記録として残されているかどうかによって、紛争解決委員の心証も変化してくるでしょう。

次に、仕組債の説明義務を十分に果たしているか、との点ですが、これもポイント③と④で双方の主張が対立しています。それについて、紛争解決委員はポイント⑦の

とおり、説明義務は充足されているとの評価を下しています。おそらく、金融機関側は説明に用いた資料・お客様からの確認書面などを用意して、あっせんの場に臨んだものと推察されます。総じて、どのように主張するかのみならず、それを裏づけるだけの資料が整っているかどうかが重要となります。そして、これを用意できるのは、個人のお客様ではなく金融機関側ですから、その充足の程度によって、どちらの主張に心証が傾くかが左右されてくるといえるでしょう。

　このように説明義務については一定の評価を得たものの、ポイント⑧のとおり、お客様の投資意向にそぐわない仕組債を勧誘し、そのリスク認識が十分形成されないままに購入に至ってしまったもの、と結論づけられています。説明義務と投資適合性の双方が満たされてはじめて、金融機関側として落ち度のない勧誘とされることがわかる事案です。

事例3　投資信託の相続手続に関する紛争

》》申立人の主張

　申立人の被相続人が投資信託を保有していたところ、相続が発生したため、担当者に「公正証書遺言がある」ことを伝え、相続手続を行いたい旨を伝えた。ところが、担当者から「公正証書遺言では、相続手続を行うことができない」旨の、事実とは異なる説明を受けたため、相続手続の完了が遅延した（ポイント①）。

　相続後、早々に投資信託を解約するつもりであり、相続手続が遅延したことによって、約 800 万円の損害を被ったため、被申立人に賠償を求める（ポイント②）。

》》被申立人の主張

　担当者に対して、相続が発生したことを伝えられたため、被相続人が死亡したことを確認できる戸籍謄本等の提出を求めたところ、申立人からの提出が遅延したことにより相続手続の完了までに時間がかかった（ポイント③）。

　担当者の認識不足により、申立人に対する説明の一部に誤りがあったことは事実である（ポイント④）。

　しかし、申立人の主張する損害額は評価損であり、現在も本件・投資信託を保有しているため、担当者の説明の一部に誤りがあったことと、損害の発生には因果関係はない。よって、請求には応じられない（ポイント⑤）。

⟫⟫あっせん手続の打ち切り

　期日に当事者双方から事情を聴取し、以下の見解を示して、あっせん手続を打ち切った。

⟫⟫紛争解決委員の見解

　本申立ては、担当者が申立人に「公正証書遺言では、相続手続ができない」旨の誤った説明を行ったことに起因しており、この点において被申立人に過失が認められる。担当者が正しい説明をしていた場合、早々に戸籍謄本が提出されていた可能性もあった（ポイント⑥）。

　申立人が、真に本件・投資信託を解約する意思があったかどうかに関しては、本件・投資信託の基準価額が下落したため、解約する意思があったと主張している可能性もある（ポイント⑦）。

　被申立人は、説明の一部に誤りがあったことは認めているが、損害賠償には応じないといった主張であり、あっせんによる解決は困難である。

[解　説]

　本事例のように、事務手続に関するADR事案も一定の割合で発生しています。ポイント②のように、手続が不当に遅延したため、換金して得られるべき金額が少なくなってしまった、という主張が申立人からなされることが中心です。

　ここでは、ポイント①のとおり「公正証書遺言では、相続手続ができない」という誤った説明を行ったことが、手続遅延の原因として主張されており、これについては金融機関側もポイント④のとおり認めています。

　（ちなみに、公正証書遺言の提出を受ければ、あらためて被相続人の死亡までの戸籍謄本の徴求は行なわなくてもよいとするのが、一般的な実務対応であるため、ポイント③の遅延の原因の大半も、ポイント④での誤った説明に連なってくるものといえます）

　紛争解決委員も、ポイント⑥のとおり、この点については認めています。しかしながら、金融機関側はポイント⑤で、申立人は明確に換金による資金化を意図していたわけではないと主張し、紛争解決委員の見解としてもポイント⑦にみるように、申立人の解約意思には確証をもっていません。

　もちろん金融機関側としては、この点を主張するためには、お客様とのやりとりの中から「すぐに資金化する予定はない」などの発言を得て、それを資料として引用する必要があることは言うまでもありません。

　本事例は、この換金意思の有無が明確にならないこと、そのため損害賠償額を算定することもできないこと、から和解案をつくることが困難であるとして、あっせん手続打ち切りとなっています。このような帰結になる事案は少なくありません。今回参照している 2023 年 1〜3 月期の事案計 40 件のうちでも、約 3 割 12 件が和解見込みなし、として手続打ち切りとされています。

事例4　上場株式の勧誘に際して、誤った情報提供による紛争

⟫⟫申立人の主張

　申立人が株式を購入する際、担当者に NISA 口座で購入したい旨を伝えたところ、その担当者から「株式取引で短期売買を行う場合、NISA 口座の利用は適していない」旨の説明を受けたため、特定口座で購入した（ポイント①）。

　その後、担当者が交代となり、再び株式を購入する際、新しい担当者からは NISA 口座での購入を案内されたため、前任者の説明に誤りがあったことを認識した（ポイント②）。

　特定口座の売買によって発生した譲渡益に課された税金等、約 20 万円の賠償を求める。

⟫⟫被申立人の主張

　申立人が株式を購入する際、担当者は NISA 制度のメリット・デメリット等について説明しており、誤った説明はしていない（ポイント③）。

　本件取引に際し、購入代金が NISA 制度の年間非課税枠を超過していたため、担当者がそのことを説明した結果、申立人の判断により特定口座で購入している（ポイント④）。

　損害賠償請求に理由はなく、請求には応じられない。

⟫⟫あっせん手続の打ち切り

　紛争解決委員が次の見解を示し、和解を促したものの、当事者双方の事実認識に

大きな隔たりがあり、金融機関側が和解をする意思がないと表明したことから（ポイント⑤）あっせん手続を打ち切った。

》》》紛争解決委員の見解

　金融機関側としては、申立人が短期売買を意図していたことをふまえ、担当者は本件取引がNISA口座での購入に適さないと考え、申立人に対してNISA制度のメリット・デメリットを説明している。

　しかしながら、申立人は担当者からの説明を真に理解することはできず、単にNISA口座で購入しないほうがよいと理解したため（ポイント⑥）結果的に申立人はNISA口座のもたらすメリットを享受することができなかったと考える。

　紛争の早期解決の観点から（ポイント⑦）金融機関側が申立人に対し、一定の金銭を支払って解決することが相当ではないか。

[解　説]

　本事案は、金融機関側の説明の内容がお客様に正しく理解されず、その結果、クレームに至ったものです。金融機関としてみれば、お客様の誤解誤認に基づくものであり、まったく非はないと言いたいところですが、実際にはこのようにADRに発展してしまいました。

　事案として、お客様はポイント①②のように主張し、それに対して金融機関はポイント③④のように、適正な意図と説明をしていることを主張しています。双方の主張は、正面から相対していますが、これを紛争解決委員はポイント⑥のように「お客様は、担当者からの説明を真に理解することはできず、単にNISA口座で購入しないほうがよいと理解した」ものと評価しています。しかし、これをお客様が誤解をしたこと・理解が浅いことに責任があると断じることはできないわけです。

　そのために、投資の適合性原則という概念があり、金融機関として説明を尽くしても十分な理解を得られないお客様に対しては、抑制的な運営を行わなければならないとされているのです。こうした観点をふまえて、ポイント⑦のとおり、紛争を早期に解決するためには、金融機関側が一定の金銭を支払うことが相当、との見解につながるのです。

　このケースにおいては、金融機関側が納得できないとの姿勢をくずさなかったため、あっせん手続が打ち切りとされました（ポイント⑤）。実際に和解案が提示された後

は、金融機関側には受諾義務＝片面的拘束力が生じますが、まだそこには至っていない段階であるため、あっせんが不調という結論となったものです。本ケース以外にも、金融機関側が ADR として和解を受けない事案はありますが、その後に訴訟となることも少なくないため、慎重な経営判断を強いられることになります。

事例5　売買取引において、売却・解約阻止に関する紛争

》》申立人の主張

申立人は担当者に対して、保有する投資信託の状況について、報告するよう依頼していた（ポイント①）。しかし、担当者からは、誤認させられるような報告を受けていた。そのうえ、何度も投資信託を解約したいと伝えていたにもかかわらず、「急ぐ必要はない」などと言われ、解約させてもらえなかった（ポイント②）。

解約時期が遅れたことにより、多額の損失を被った。その損害額約 3,900 万円の賠償を求める。

》》被申立人の主張

担当者が申立人に対して、サービスの一環として、相場の推移や見通し等を中心に伝えていたことは認めるが、申立人の保有する投資信託の状況について報告するように依頼された事実はない（ポイント③）。

担当者が、何度か申立人から投資信託の解約意向を聞いていたことは認めるが、その都度、担当者が今後の見通しを伝えたところ、申立人が自身の判断により、継続して保有することを決めたものであり、解約を阻止した事実はない（ポイント④）。

違法行為が認められないことは明らかであり、請求には応じられない。

》》和解成立

被申立人が、申立人に約 200 万円を支払うことで、双方が合意した。

》》紛争解決委員の見解

「投資信託の状況について誤認させられた」という申立人の主張について、担当者が述べた見解等を根拠として、違法性を問うことは困難である（ポイント⑤）。

　通話記録等を確認したところ、申立人の主張するように、何度も投資信託の解約を阻止したと判断することはできない（ポイント⑥）。

　しかし、実際に解約した直前のやりとりにおいては、申立人の解約意向に対して、担当者が執拗に解約を引き留めるための説得をしていたことは明確であり、問題のある行為であったと言わざるを得ない（ポイント⑦）。

　金融機関が申立人に対して、一定の金銭を支払うことが妥当である。

[解　説]

　この事案も、買い付け時ではなく、アフターフォローなど保有期間および売却換金時の対応を問題としたものです。そして、定期的な面談機会を、お客様側はポイント①にみるように「依頼に基づき、保有する投資信託の状況の報告を受ける場」と認識している一方、金融機関側ではポイント③のとおり「サービスの一環として、相場の推移や見通し等を伝える場」と主張しています。

　このように、双方の主張が対立している場合、紛争解決委員としては提出される資料等を通して、その実態・本質はいかなるものであったか、心証を形成していくことになります。その意味で、金融機関にとっては、日常からのお客様とのやりとりに関する正確な記録の積み重ねが欠かせない、と言えるでしょう。

　本事案については、ポイント⑤のように「担当者の見解によって、誤認させられた」といった違法性を問うまでのものはなかったこと、またポイント⑥のように「何度も投資信託の解約を阻止された」と判断できるものでもない、と評価しています。ちなみに、レコーダなどの通話記録も、ADR の場では資料として提出することもあります。しかし同時に「実際に解約した直前のやりとりについては、担当者が執拗に解約を引き留めるための説得をしていた」（ポイント⑦）ことが資料から確認されています。

　なお、他の事案もそうですが、和解金額の算定にあたっては、正常に取引が遂行されていれば得られたであろう金額との差額に、違法性の度合い・過失の程度などが勘案されて提示されるものです。

　その他、紛争解決委員の見解のなかで、着目すべき考え方などが示されている部分について、以下、いくつか引用してみます。

◆紛争解決委員の見解中の着目すべき考え方

【見解①説明義務違反：上場株式】

　　本件取引において、金融機関側に、適合性原則や説明義務に反する行為があったとまでは判断することができないため（ポイント①）発生した損害について、責任の分担を求めることは相当ではないと考える。

　　しかし、本件取引は、担当者が主導し短期間に頻繁な取引が行われていたことをふまえると（ポイント②）申立人が本件取引のリスクを十分に理解していたかどうか疑わしい。

　　ポイント①から、まず一義的には「適合性違反・説明義務違反」など法令違反に該当するかどうかが問題とされます。

　　しかし、そうした法令違反には該当しない場合でも、ポイント②のように担当者の勧誘のあり方が相当性を欠くこと、たとえば短期的に頻繁な取引を勧めることなどは、金融機関側に一定の責任を求める根拠とされることがわかります。

【見解②説明義務違反：仕組債】

　　申立人は口座開設をした後、国債を保有しており、口座開設時には金融資産 1 億円・投資意向を安全重視、と申告していた。その金融資産のおよそ半分にあたる額を、仕組債に投資させることは、適合性の観点から問題がある（ポイント①）。

　　申立人は高齢ではあるものの、現在も働いている（ポイント②）とともに、理解力に特段の問題は認められないことから、担当者に言われるがまま投資した責任がある（ポイント③）。

　　金融機関が、一定の金銭を支払うことが妥当である。

　　ポイント②では、お客様が高齢者であっても、定期収入があり、損失が生じた場合にこれを補填していくキャッシュフローがあることを勘案しています。またポイント③では、高齢者であっても、理解力にも問題はないため、いわゆる「担当者に言われるがままの取引」であっても、お客様側にも責任があることを指摘していま

す。

　こうした点を考慮して、たしかにポイント①のとおり、適合性違反が認められても、和解への一定額の金銭支払いにとどまるものです。

【見解③過当売買：商品先物】

　申立人の投資経験をふまえれば、商品先物取引を勧誘することは、適合性の原則の観点から問題がある。担当者の勧誘を受けて行われた取引には、担当者の断定的判断の提供によるものと評価されかねないものや、合理性に疑問があるもの（ポイント①）も含まれている。

　他方、申立人は、投資経験が乏しいにもかかわらず、担当者に勧められるがまま本件取引を開始している（ポイント②）ことや、みずから取引状況を確認しながらも、取引を継続して損失を拡大させた（ポイント③）ことにおいて、責任がある。

　金融機関が、一定の金銭を支払うことが妥当である。

　この見解も、ポイント①にみる法令違反と、ポイント②・③にみるお客様側の責任の双方を認めて、いわば痛み分けの和解案が提示されているものです。

　着目すべき点は、担当者に勧められるままに取引を行うことには、お客様自身も責任があるとされること（ポイント②）、残高報告書などで評価損失状況を確認しつつも取引を継続している場合、損失の拡大にはお客様にも責任があること（ポイント③）です。

　和解を前提としていることから、お客様側の責任も相当程度は指摘され、それが支払われるべき金銭の減額にも反映されると考えられます。

【見解④適合性の原則：外貨建て債券】

　申立人は10年以上の取引経験を有しているとともに、過去に購入した商品には外貨建ての商品も多数含まれている（ポイント①）ことから、金融機関側からの勧誘に基づくものであったとしても、最終的にみずからの判断で購入したのであれば自己責任である（ポイント②）。

　これまでに申立人が購入した商品の損益をみると、およそ半数の商品では利益が出ており（ポイント③）利益は申立人に帰属するが、損失については金融機関に帰

属するということは適切ではない（ポイント④）。

　今回の損失額は多額であることや、紛争の早期解決の観点から（ポイント⑤）多少なりとも金銭を支払って解決することが妥当ではないか。

　この見解も、お客様の投資経験（ポイント①）および購入を判断した自己責任（ポイント②および④）を指摘しています。さらには、ポイント③にみるように、ADR の場ではこれまでの取引内容や損益状況といった資料も提出し検討されることがわかります。

　しかし、ポイント⑤のように、紛争の早期解決を図ることが ADR の趣旨であり、多くの場合、金融機関にも一定の解決金支払いが求められることを認識する必要があります。

【見解⑤適合性の原則：仕組債】

　仕組債取引に関する適合性に関して、申立人の年齢や金融資産のみに基づき、一律の線引きをすることは妥当ではない（ポイント①）。

　本件が裁判により争われることとなった場合、金融機関が適合性には問題ないと判断した具体的な根拠等を示す必要があるものと考える（ポイント②）。

　申立人の年齢（80 歳代）や健康状態もふまえ、紛争の早期解決がもたらす双方の利点を考慮した場合（ポイント③）金融機関が一定の金銭を支払うことが妥当である。

　ポイント①にみる、画一的・一律的ではない判断については、ADR においても裁判においても共通するものといえます。しかし、裁判の場となれば、ポイント②にあるように、金融機関にとっても立証責任のハードルが、さらに高くなるものといえます。

　ADR は紛争解決・和解の成立を目指すものである点で、裁判とはある程度、その性質が異なっており、そのため大半の事案において、一定の解決金が提示されるものといえるでしょう。

【見解⑥適合性の原則：投資信託】

　金融機関・担当者は、本件投資信託の販売に際して、申立人に対して目論見書・リスクが記載された販売用資料を用いて説明している。申立人が購入した投資信託は、格別理解が難しいものとまでは言えず、申立人の年齢・経験等に鑑みれば、本件投資信託の一般的なリスクを認識したうえで購入していた（ポイント①）。

　担当者は、申立人の娘から、申立人が取引をする際には連絡するように、申出を受けていたにもかかわらず、娘への連絡または相談をすることなく、本件の勧誘をしているため、顧客保護の観点から配慮を一部欠いていた（ポイント②）。

　金融機関が、一定の金銭を支払うことが妥当である。

　ポイント①をみる限りでは、金融機関側には問題がなく、適合性の観点でも違法性がないことはわかります。しかし、法的には問題がなくとも「娘への連絡・相談をする」という家族との約束もまた、ポイント②にみるように、顧客保護という視点から問題なしとはされないことがわかります。

　こうした顧客保護は、一律的な基準では割り切れないものであり、特に双方の和解を念頭におくADRでは、重視されるといえるでしょう。

ケースで学ぶ
苦情対応と未然防止

第1章 顧客本位の業務運営

顧客本位の業務運営方針

2017年度に、各金融機関は「顧客本位の業務運営方針」を策定・公表しました。

これは、投資信託・株式をはじめとする価格変動商品の販売勧誘において、各々の金融機関が、「一人ひとりのお客様にとってふさわしい商品を提供していく」そのためには「金融機関側の意図や目的が優先されることなく、より一層、お客様のニーズを汲み上げた応対を行う」ことを目指すものです。

そのために、まず金融庁が基本となる７つの原則（フィデューシャリー・デューティー原則）を示し、それを採択した各金融機関が自らの方針を宣言していったものです。その一例としては、次のようになっています。

原則１．顧客本位の業務運営に係る方針等の策定・公表等

　　お客様本位の業務運営の定着を図るために、社内における基本方針を策定します。

　　概ね１年ごとにその履践状況を検証し、方針の見直しと改訂を行います。

原則２．顧客の最善の利益の追求

　　地域金融機関として「お客様の経済的な繁栄への助力となることが本質である」との企業理念を組織全体で共有し、業務運営を行います。

　　各部署では、日常からこの理念が業務活動に反映されているか、振り返りを励行します。

原則３．利益相反の適切な管理

　　利益相反のおそれのある取引によって、お客様の利益が不当に害される

ことのないように、コンプライアンス担当部署による管理態勢を構築するほか、一部の取引については抑制することなど、お客様の利益保護に努めます。

原則4．手数料等の明確化

　お客様に直接ご負担いただく手数料のほか、信託報酬など間接的にかかるものを含めて「手数料の見える化」を主眼とした、お客様にとってわかりやすい説明を行います。

原則5．重要な情報の分かりやすい提供

　金融商品の販売をはじめとした業務運営においては、お客様一人ひとりに寄り添った説明姿勢を重視します。具体的には、お客様の投資経験や商品ご理解の程度に応じて、説明の時間と回数について、柔軟な対応を行います。

　また、金融商品を保有するお客様からは、定期的な面談機会をいただき、お客様の疑問点や不安へのオーダーメイドの応対を心掛けます。特に高齢のお客様については、面談の周期を高めるように努めます。

原則6．顧客にふさわしいサービスの提供

　金融商品の販売をはじめとした業務運営においては、お客様の投資のご経験・知識・財産状況・投資目的などをよくふまえて、真にお客様の利益に資するご案内を差し上げてまいります。

　また、かかるご案内・ご提案が一方的なものとならないように十分配慮し、お客様の能動的かつ適切なご判断へのサポート役となるように努めてまいります。

原則7．従業員等に対する適切な動機づけの枠組み等

　従業員への教育は、各種法令・業務知識に加えて、地域金融機関としての営業理念を修得すべき機会を設けていきます。またお客様本位の運営への積極的な推進とその動機付けにつながる評価体系を、構築していきます。

　組織におけるガバナンス態勢も、営業店－業務本部－監査等本部の三層構造による相互サポートを強化していきます。

この原則の中でも、ADR事案との関連で特に重視されるのが、原則5と6です。

原則5. は、具体的には次の各点がポイントとなります。

【お客様一人ひとりに寄り添った説明姿勢】

○リスク商品を検討するお客様は、投資経験や商品知識の程度が相当の幅で異なっていることを認識し、それに応じた説明の回数および時間の対応をしているか？

○高齢のお客様については、商品への理解と取引意思の再確認を徹底して、お客様の熟慮時間の確保に努めているか？

【説明スキルの高度化】

○販売資料等の効果的な説明例などを、担当部署が積極的に拾い上げて、これを組織全体で共有していく体制が取られているか？

【アフターフォロー】

○リスク商品を保有するお客様に対して、定期的な面談機会を設けて、個々のお客様の疑問点や不安へ対応しているか？

特に高齢のお客様については、面談の周期を高めているか？

○お客様を対象としたセミナー開催、あるいは個別相談会などを通して、リスク商品およびマーケットに関する知識の啓蒙と普及（金融リテラシー）に努めているか？

また原則6. については、次の各点がポイントとなります。

【投資適合性に則った勧誘プロセス】

○リスク商品の勧誘販売のプロセスは、お客様の現時点での投資適合性の4要素（知識・経験・財産・目的）を再確認しているか？

知識については、どのような市場変動が価格に影響するかなどへの理解度と、自主的な情報収集力の度合いがポイントとなる。

経験としては、単なる投資期間・年数で判断しないことが大切である。

財産について、特に高齢のお客様は、医療・介護など先々の資金需要への対応が十分であるかに配慮する。

目的としては、投資の目標リターンとそのための投資期間、および損失の許容限度等について確認する。

【投資適合性をふまえた商品提案】

○お客様への商品の提案に際しては、他行他社も含めて、お客様の財産全体に健全なバランスが図られることへも配慮しているか？

○商品購入のタイミング（一括・積立の別など）」、分配金の取扱い（再投資・受取り

の別など）については、お客様のニーズに配慮することに加えて、リスク管理上も適切な認識に基づいているかを確認する。

【お客様との意見形成】

○お客様が能動的かつ適切に投資判断を行えるよう、情報の提供とわかりやすい説明を行うことが第一の役割となっているか？

○お客様が保有商品を解約される場合にも、マーケット環境・見通しに関する情報提供に加えて、お客様の投資方針・中期的な財産形成における影響などを熟慮のうえで判断が下せるようにアドバイスしているか？

　これらをふまえた販売勧誘であれば、苦情・クレームが生じる可能性は相当に低くなるでしょう。次章以降では、苦情の具体的ケースをみていきますが、基本的な姿勢として自ら定めた顧客本位原則を軸にしていくことを徹底することが、最も大切かもしれません。

② 顧客本位の業務運営の進展に向けて

　このように2017年以降、各金融機関ごとの取組み努力が進んできました。しかしそれでも2019年の金融審議会（市場ワーキンググループ）の総括としては「顧客本位は道半ばである」との認識が示されました。

　その理由としては、依然として「情報開示が不足している」「手数料の高い商品を勧誘された」といった顧客の声が絶えないためです。このため、金融審議会では見直し議論を進め、2020年夏に「顧客本位の業務運営の進展に向けて」との報告書が公表されました。この内容のポイントとしては、まず上述の7つの原則の実効性をより高めていくことにあります。そのために、具体的な取組みとして次の各点が示されています。

❶顧客のライフプランをふまえた業横断的な商品の提案

　これは上述の原則6と関連することですが、お客様一人ひとりのライフプランに沿った商品提案の必要性を訴えているものです。そのためには、その場での単一商品の提案にとどまるべきではなく、お客様の金融資産全体のポートフォリオをどのように構成するかの相談・提案がベースとなる必要があります。そして、ポート

フォリオを構築・見直ししていくために、自行庫取扱い商品だけにこだわらない「業横断的な」商品提案が必要となってくるのです。

❷商品提供後の適切なフォローアップ

いったん商品を提案・購入された後も、お客様の家族構成・生活環境などのライフステージは変化していきます。また、リスク商品に影響を与えるマーケット環境も変化していきます。こうした状況をふまえて、適切なタイミングでお客様フォローを続けていくことは欠かせないものです。

❸金融事業者による想定顧客の公表

ここでいう金融事業者とは、まずリスク商品の販売会社である金融機関のことです。そして想定顧客の公表とは「Ａ－Ｃのファンド商品は、主に株価変動リスクを許容しても運用収益を追求したいというお客様を対象としている」「Ｄ－Ｅのファンド商品は、価格変動リスクを限定しながら、長期的に財産形成していきたいというお客様を対象としている」のように、よりわかりやすく具体的に、取扱い商品とお客様の投資目的が接合していくように配慮することです。

このように、顧客本位の業務運営への取組みを、さらに前進させるための基本的な考え方が示されたのです。

 ## 説明のレベルアップと重要情報シートの創設

顧客本位の業務運営に関する７つの原則の中でも、原則５で重要な情報の分かりやすい提供が掲げられ、また原則４では手数料等の明確化もあげられています。これらの趣旨は、お客様が同種の金融商品とも比較検討のうえで、容易かつ適切に商品選択を行えるようにすることにあります。

このための説明事項とは、たとえば投資信託であれば、次のように細分化していくことができます。

①　投資信託のもつリスクにはどんなものがあるか？　複数の候補商品を比較してリスクの程度の差はあるか？　運用実績はどのくらいなのか？

②　購入時のコストはどのくらいか？　複数の候補商品によって差があるか？

③　換金時にもコストはかかるのか？　当初想定しなかった償還が行われることがあるか？

④　投資信託の課税はどうなっているか？　非課税利用はできるのか？

このわかりやすさに配慮したツールとして、2020 年の報告書では「重要情報シート」の策定・活用が提唱されています。この趣旨は、お客様がその金融事業者（販売会社である金融機関など）の取扱い商品ラインアップと金融商品に関する重要な情報（上記①〜④の各点など）を一目で把握して、適切な選択と判断をすることが容易になることです。この具体的な様式・項目などは、サンプル（P.54〜57 個別商品編）でみていきましょう。

この重要情報シートは、各金融機関によって個々に策定されるものですが、行職員が直接お客様と対面で行う取引だけでなく、インターネット取引などにおいても活用されることが提言されています。私たちのお客様も、対面取引とコールセンターやインターネットバンク取引を併用するケースも増えています。このため、あらゆる機会で同質の情報提供が行えるように配慮する必要があるわけです。

なお、保険商品については、すでに「意向確認シート」などが存在していますが、今後は重複がないように、整合性を取ったり統合していくことも含めて検討していくべきともされています。

また、証券仲介業者として提携証券会社の取り扱う株式・社債なども取り扱っている場合には、個別商品ごとに様式が異なってくることもあります。こうしたことからも、基本的な項目とその趣旨をよく理解しておくことが大切です。

 # ④ 重要情報シート活用の背景

従来から、リスク商品の販売は「お客様の自己責任」と言われています。しかしこの自己責任のためには、まず私たちの側からの適切な説明が行われることが大前提になります。

重要情報シートの制定が促される理由は、この適切な説明に関して、あらためて一定の枠組みを与えて、一定水準以上のレベルの平準化を図ろうとするものと考えることもできるでしょう。

特に、ある一つのリスク商品を提案してその説明を行うとき、まずそもそも「どう

いう論拠でその商品が自分に最も適切と考えたのか？」が明確にされて、お客様が納得感をもつ必要があります。お客様のおっしゃるライフプランに即していること、お客様の知識経験や財産状況に照らして適切であることなど、私たちとお客様が確認するためのツールとして、重要情報シートが用意されるのです。

　また「自行庫がラインアップしている商品の全体像はどうなっているか？」の説明には、もちろんファンドラインアップ表などが用いられてきましたが、その説明の度合いは担当者によってかなりバラつきがあったことと思われます。どの担当者であっても、一定レベル以上の説明が確保されるようにするツールとして、重要情報シートが機能するわけです。

　同様に、個々の商品のリスクや運用実績について説明する場面でも、現状では単に口頭でふれるにとどまる担当者から、目論見書等を用いて詳しく説明する担当者までさまざまでしょう。これを一定水準以上に平準化させていくことが、お客様の利益・顧客本位という観点からは欠かせません。このためにも、重要情報シートが用意されます。

　この重要情報シートは、欧米の金融機関における顧客対応にならった側面もあります。欧州では、投資信託・集団投資スキーム・投資性保険・仕組商品・転換社債・デリバティブ等のパッケージ型商品を対象として、商品説明用のツールが制度的に用意されています。これは「PRIIPs KID（Key Information Documents for Packaged Retail and Insurance-baced Investment Products）」というもので、商品ごとに3ページを上限として、コスト・想定最大損失等のリスク・推奨される投資維持期間などの情報を簡潔に明示しています。

　また米国でも、2020年に「Form CRS（Customer or Client Relationship Summary）」という制度が導入されました。これは、投資アドバイザーや証券販売業者向けのもので、やはり2ページを上限として簡潔に、利益相反やコスト等の情報を示すツールです。

　これらを参照してつくられる重要情報シートは、簡潔性や一覧性が重視されます。特に、お客様にとってのわかりやすさに重点をおくため、紙面が多くならないことに配慮がされます。お客様が単独で行うインターネット取引でも、同様のシートを用いることをふまえると、なおさらでしょう。

　また、この重要情報シートと目論見書・ファンド運用報告書など既存資料との使い分けも意識されることになります。基本的には、重要情報シートはまず説明の骨格に

相当するポイントをお客様に理解していただくために用いられます。その各々のポイントについて、より詳しい説明が必要になるために、目論見書などの書類が使われます。そしてまとめとして、必要な情報についてもれなく理解されていることのフレーム確認として、再び重要情報シートが用いられます。一つのサンプルとしてのフローですが、このように重要情報シートと目論見書等は、相互補完の関係にあるといえるでしょう。

　今後、実際に重要情報シートが実務で活用されるようになると、書類相互の説明手順も決まってくるでしょう。この点もまた、担当者ごとにバラつきがないように標準化しておくことが、お客様へのわかりやすさを確保する意味では大切な点だと思われます。

 ## ⑤　重要情報シート（金融事業者編）

　以下では、重要情報シートのサンプル（個別商品編）も参照しながら、説明すべきポイントなどを整理してみましょう。なお、重要情報シートは各金融機関が創意工夫して個々に作成しますので、このサンプルとは項目が異なること、サンプル以外の項目が追加されることには問題はありません。ただし、欧米の例にみるように、簡潔性・一覧性を考慮して、あまりページ数が増えないことが求められている点には留意します。

　まず金融事業者編ですが、自行庫での取扱い商品ラインアップが明示されます。たとえば、円建て債券・投資信託などの項目には○がつきます。また証券仲介業として、提携証券会社を通して、国内株式・外貨建て債券が取扱い可能であれば「仲介にて○」のように記載することができます。ここではまず、お客様の選択できる資産種別を示すことが目的とされます。

　では、投資信託の具体的な明細はどうするかという点ですが、基本的には従前から用意されている「ファンドラインアップ表」などを用いればよいでしょう。この重要情報シートに一元化させる発想もありますが、ファンド商品が多岐にわたる場合、シートのページ数が相当量に及んでしまい、当初の趣旨からはずれてしまう懸念があります。

　次に商品ラインアップの考え方（商品選定のコンセプトや留意点）を記載するスペ

ースがあります。ここが金融機関ごとの特色が出るところです。たとえば、①当行ではお客様の長期的な財産形成の一助となる投資信託を用意するため、積立型のファンド種類を充実させます、②投資経験の少ないお客様にも取り組んでいただける商品として、円建て債券を加えています、などの記載が考えられます。

　また、③仕組債も取り扱っていますが、お客様の投資経験・財産状況などを事前に確認させていただいたうえで、お取扱いの可否をご相談させていただきます、などの記載も考えられるでしょう。これらはいずれも、他行庫の模倣ではなく、自立したスタンスを明示していくことが、上述の「顧客本位の業務運営が道半ばである」という発想の原点にも適うものだと思われます。

　最後に苦情・相談窓口ですが、これは契約締結前交付書面などにも記載されていますが、お客様にとって大切なことであるため、このシートにも明記するものです。

⑥ 重要情報シート（個別商品編）

　個別商品に関する重要情報シートは、サンプルでは2枚構成になっています。枚数はともかくとして、必要な項目としては商品概要・リスクと運用実績・費用・換金解約・利益相反・租税などの各項目です。

　サンプルをみると、それぞれの項目に（質問例）が付記されていることがわかります。たとえば、2.リスクや3.費用に関しては、説明対象となるファンドそれ自体に関することだけではなく「もっとリスクが低い、もっと費用が安い、類似商品はないのか？」といった想定質問を設定しています。

　これは、直接的な商品説明の対象であるAファンドについてのやりとりをしている過程で、「もっと他にファンドはないのか？」と質問されているということです。文章としては主題がズレてしまうことでありおかしいのかもしれませんが、お客様との実際の会話としては、むしろこのような流れは自然に発生することかもしれません。お客様の関心や考え方は、私たちとの会話の過程でも変化してくることは十分想定されるため、実際の場面では臨機応変な対応が求められるでしょう。サンプルに付されている質問⑤⑦は、こうした要素を取り込んでいるのです。

　どのような質問例を設定するかは、金融機関の任意に委ねられていますが、この重要情報シートをお客様と私たちのコミュニケーションツールととらえるのであれば、

お客様が聞きたいであろう率直な質問・初歩的な質問を設定することが、むしろ好ましいでしょう。

　また別の観点ですが、この重要情報シートはお客様に具体的な理解を求めることが、大きな目的とされます。このため、たとえば運用実績についても、年間収益率はどれくらいなのかを表示しています。これまで、ともすると具体的な数値を示すことははばかれる傾向がありました。しかし、実績値と今後の期待値は異なることをキチンと理解していただく前提に立てば、実績値を把握していただくことはお客様の選択判断にとって、きわめて重要な意味をもつでしょう。抽象的な説明にとどめないことと、リスク商品としての不確定性を認識していただくことは、両立していくことだと考えます。

一定の投資性金融商品の販売・販売仲介に係る「重要情報シート」（個別商品編）

2024/3/31 現在

1．商品等の内容（当行は、組成会社等の委託を受け、お客様に商品の販売の勧誘を行っています）

金融商品の名称・種類	ビジネス・インド株式ファンド【ビジネス・インド】・証券投資信託
組成会社（運用会社）	市ヶ谷アセットマネジメント株式会社
販売委託元	市ヶ谷アセットマネジメント株式会社
金融商品の目的・機能	主としてインドの企業の株式へ投資することにより、信託財産の中長期的な成長を目指します。
商品組成に携わる事業者が想定する購入層	この商品は、主要投資対象や運用内容について十分な知識や投資経験を有する、あるいは説明を受け商品内容を理解していただける、中長期での資産形成を目的とする投資家のご投資を想定しております。この商品は、元本割れリスクを許容する投資家向けです。
パッケージ化の有無	パッケージ化商品ではありません。
クーリング・オフの有無	クーリング・オフ（契約日から一定期間、解除できる仕組み）の適用はありません。

（質問）　①　投資対象は、すべてインドの企業ですか？
　　　　　②　インドと他の新興国では、大きな違いがありますか？
　　　　　③　インドの代表的な株式指数は何ですか？

2．リスクと運用実績（本商品は、円建ての元本が保証されず、損失が生じるリスクがあります）

損失が生じるリスクの内容	＜株式市場リスク＞株価の下落は基準価額の下落要因となります。
	＜信用リスク＞債務不履行の発生等は、基準価額の下落要因となります。
	＜為替変動リスク＞円高は基準価額の下落要因となります。
	＜カントリーリスク＞投資国の政治・経済等の不安定化は基準価額の下落要因となります。
	＜市場流動性リスク＞市場規模の縮小・取引量の低下により、不利な条件での取引を余儀なくされることは、基準価額の下落要因となります。
過去1年間の収益率	27.6％（2023年6月末現在）
過去5年間の収益率	平均17.0％　最低△36.8％（2020年3月）　最高53.9％（2021年3月）

※　損失リスクの内容の詳細は契約締結前交付書面【交付目論見書】の7ページから9ページ、運用実績の詳細は交付目論見書の10ページから11ページに記載しています。また、本シート作成日に使用している交付目論見書に基づき記載しています。

（質問）　④　純資産額が増えてくると、リスクに影響はありますか？
　　　　　⑤　ベンチマークとは、どういうものですか？

３．費用（本商品の購入又は保有には、費用が発生します）

（税込）

購入時に支払う費用 （販売手数料など）	窓口購入	インターネット購入
	3.30%	2.31%
継続的に支払う費用 （信託報酬など）	信託報酬：年 1.848%	
運用成果に応じた費用 （成功報酬など）	ありません。	

※ 上記以外に生ずる費用を含めて詳細は契約締結前交付書面【交付目論見書】の 14 ページに記載しています。

（質問）　⑥　他の商品と比べて、信託報酬が高いのはなぜですか？
　　　　　⑦　他の商品と比べて、購入手数料が高いのはなぜですか？

４．換金・解約の条件（本商品を換金・解約する場合、一定の不利益を被ることがあります）

この 商品 の償還期限 はありません。 但し、期間更新や繰上償還の場合があります。

この商品をお客様が換金・解約しようとする場合には、信託財産留保額（解約手数料など）としてご負担いただきません 。

証券取引所・外国為替取引の停止等により換金や解約ができないことがあります。

※ 詳細は契約締結前交付書面【交付目論見書】の 14 ページに記載しています。

（質問）　⑧　中途換金をした場合、何日目に資金を受け取れますか？

５．当行の利益とお客様の利益が反する可能性

当行がお客様にこの商品を販売した場合、当行は、お客様が支払う費用（販売手数料、信託報酬）のうち、組成会社等から 0.825% の手数料を頂きます。これは販売時のコンサルティング（販売仲介など）の対価としていただきます。

当行は、この商品の組成会社等との間で出向等の人間関係および資本的関係がありません。

「重要情報シート」のフォーマットのとおり、当行の営業職員に対する業績評価上、この商品の販売が他の商品より高く評価されるようなことはありません。

※ 利益相反の内容とその対処方針については、ホームページ「顧客本位の業務運営に関する原則」の「取組方針」をご参照ください。
　　（URL）https://www.yotsuya.co.jp/policy/files/fiduciaryduty.pdf

（質問）　⑨　手数料や販売額の内部的な目標はありますか？

６．租税の概要（NISA つみたて投資枠、iDeCo の対象か否かもご確認ください）

分配時、配当所得として普通分配金に対して 20.315%、換金（解約）時および償還時は、譲渡所得として、換金（解約）時および償還時の差益（譲渡益）に対して 20.315% が課税されます。NISA つみたて投資枠、iDeCo の対象とはなりません。

※ 詳細は契約締結前交付書面【交付目論見書】の 15 ページに記載しています。

7．その他参考情報（契約にあたっては、当行 Web サイトに掲載された次の書面をよくご覧ください）

・販売会社（当行）が作成した契約締結前補完書面【目論見書補完書面】
（URL ①）https://www.yotsuya.co.jp/kojin/unyo/files/mokuromisyo.pdf
　※ PDF 形式で掲載しています。

・組成会社が作成した【目論見書】
（URL ②）http://www.ichi-am.co.jp/fund/180609/
　※リンク先は、当行が運営するホームページではありません。
　当行はリンク先の表記等について保証するものではなく、一切の責任を負いません。

契約締結に当たっての注意事項等をまとめた契約締結前交付書面【目論見書交付書面】、金融商品の内容等を記した【目論見書】については、ご希望があれば、紙でお渡しします。

商号等／四谷銀行　登録金融機関　関東財務局長（登金）第 120 号

＜質問回答例＞

ビジネス・インド株式ファンド

	＜質問＞	＜回答例＞
①	投資対象は、すべてインドの企業ですか？	インド企業の発行する株式、及び海外で発行する預託証券（DR）が全体の 95％程度であり、その他短期金融資産を含みます。
②	インドと他の新興国では、大きな違いがありますか？	インドと他の新興国では、経済的なファンダメンタルは異なりますが、国際分散投資が進んでいるため、新興国株式市場の運用成果としては比較的近似したトレンドを示すことも少なくありません。
③	インドの代表的な株式指数は何ですか？	インド SENSEX です。ボンベイ証券取引所（BSE：Bombay Stock Exchange）に上場している主要 30 銘柄で構成される時価総額加重平均の株価指数です。
④	純資産額が増えてくると、リスクに影響はありますか？	純資産額が増えてくると、運用対象に広がりができることはメリットですが、一方で市場の下落局面で評価損失が生じる銘柄を抱えるリスクが増加する懸念はあります。
⑤	ベンチマークとは、どういうものですか？	本商品が、価格変動の基準とする指標です。完全にこれに連動させるものではありませんが、相場の上昇・下落局面での運用成果の一つの基準となります。
⑥	他の商品と比べて、信託報酬が高いのはなぜですか？	インドという新興国市場に特化した運用と管理を行なうため、他の商品と比較してやや高い信託報酬の料率となっております。
⑦	他の商品と比べて、購入手数料が高いのはなぜですか？	インドという新興国市場に特化した商品には、より充実した説明態勢を要することから、他の商品と比較してやや高い販売手数料率となっております。
⑧	中途換金をした場合、何日目に資金を受け取れますか？	本商品については、換金のお申込みを頂いた日を含めて、6 営業日目に口座に入金されます。
⑨	手数料や販売額の内部的な目標はありますか？	現在、手数料や販売額の内部目標は設定しておりません。お客様のニーズに幅広く対応していくことを、第一の目標として活動しております。

第2章 金融商品販売業務（投資信託）

① 投資信託の販売・勧誘における苦情対応

≫販売・勧誘時に注意しなければならないことは？

特に、販売・勧誘において注意しなければならないのは、顧客に対して、"適合性の原則"に則り説明を要する重要事項を、顧客が理解できるように説明することです。これは、顧客保護の観点から求められていることです。

顧客に理解できるように説明しなければならない重要事項は、「リスク情報」など金融商品取引法の**契約締結前交付書面の記載事項**です。これには、金融サービスの提供及び利用環境の整備等に関する法律で説明義務が課されている重要事項も含まれています。

また、金融商品取引法の規定では、定められた方法で契約締結前交付書面の記載事項がすべて記載されている目論見書を契約締結前交付書面とすることができる（「補完書面」と一体として交付する方法も可）としています。実際の説明の場面では、「目論見書」を利用しながら、説明することがほとんどでしょう。

≫特に注意が必要な説明事項は？

説明を要する重要事項として、特に注意すべきなのは、**リスク情報、手数料等の情報**です。

また、銀行・信用金庫等の金融機関が投資信託の販売を行う場合は、当然のことですが、投資信託と預金等とは違うという確認も忘れてはなりません。

預金等との誤認防止に関する説明です。

リスク情報については、「価格変動リスク」「為替変動リスク」「信用リスク」な

ど、元本欠損の可能性のあるリスクに関する事項は、すべて説明する必要があります。

　手数料等については、「申込手数料」はもちろんのこと、「信託報酬」、「信託財産留保額」といった運用中、換金・解約時に関する手数料も説明する必要があります。特に、信託財産留保額は 0.1〜0.3％程度と、申込手数料と比べると低率であり、また購入時点でかかるものではないため、説明で忘れてしまうことがないように注意しましょう。

≫≫実務上、留意すべき点は？

　まず第一には、顧客カードなどによって把握した、お客様の財産額・投資目的をふまえた商品勧誘であるか？　を、自問自答してみることです。

　ADR の実際の事例をみても「財産額に比して過当な金額の勧誘であった」「申立人の投資意向にそぐわない商品であった」などの主張・あっせん委員見解などが示されているものが多数あります。あるお客様には適切な商品であっても、別のお客様にとっては不適当な商品となることもあります。また、商品それ自体は適切であっても、金額や取引頻度が過ぎることによって、不適当となってしまうこともあります。こうした状況に陥らないようにするためには、顧客カードに示されている、そのお客様自身の投資適合性を今一度、確認することが必要です。

　次に第二には、できる限り平易な言葉・表現によって、真にお客様にとって理解できるように説明することです。一般的なお客様は、私たちの説明内容で、多少不明な点があったとしても、それを一つひとつ、問いただしていくことはむしろ少ないと思われます。少なくとも、1 分 2 分とたたずに、次々と不明な点を質問されることは、むしろまれでしょう。

　しかし、お客様がほとんど質問をしなかったとしても、私たちが説明した内容を 8〜9 割理解しているかとなると、疑問も小さくありません。

　それでも、ADR の場面になれば「担当者の説明からは、△△ということくらいしか理解できなかった」という申立てがされますし、そのことをもって「その場で質問しなかったほうが悪い」という見解にはならないのです。

　こうした点をふまえれば、できる限り平易で、わかりやすい表現やたとえを用いながら説明を展開していくことが、きわめて重要になります。時には「この点は、特に重要ですからご理解いただけるまで、繰り返してご説明いたします」のように、

アクセントをつけることも必要でしょう。私たちが、専門外の家電商品や自動車などの説明を受けている立場を想像してみることが、お客様本位の具体的な対応ともいえるでしょう。

》》販売後のアフターフォロー

投資信託の顧客応対の中で、アフターフォローの重要性は言うまでもありません。

実際のADR事例をみても、適切なアフターフォローが行われていれば、ここまでの紛争に発展することなく、おさまっていたであろうと考えられるものも少なくありません。

また逆に、アフターフォローの場面での応対の不適切さによって、ADR事案になってしまったものもあります。

そもそも、アフターフォローはどの程度の頻度で行うことがよいでしょうか?

一般的には、①3か月ごと・6か月ごとなどの定期的な頻度、②マーケット下落時などの緊急の時点、の2つをかみ合わせていくことがよいでしょう。

①については、面談機会がなかなかとれないお客様については、手紙やメールなどの手段を用いることもよいでしょう。しかし、高齢のお客様や評価損失の大きいお客様については、できる限り面談をすることが望ましいでしょう。

②については、かねてより金融庁の監督指針などでもふれられてきたことです。担当者としても、大きく評価損失が生じているときにお客様と応対することは、心理的な負担が重いことでしょう。しかし、たとえお客様が不服を述べたり、感情的な態度に出られたとしても、私たちが真摯に向き合い、善後策を一緒に考える姿勢が大切です。たとえ、それでもお客様の不満が収まることなく、苦情に発展したとしても、これまでのADR事案にみるように、金融機関がどのように応対してきたかで評価が変わってきます。

この点をふまえて、以下に、簡単な苦情対応例をあげてみます。

「買ってもらうときは、何回も『お願いします』と言っておいて、買った途端、損がこんなに出ているのに一度も顔を出さないとは、何事だ」

●苦情が発生してしまった場合の対応●

「よい運用結果にならず、残念なお気持ちはよくわかります」というような心遣

いは必要ですが、「評価額が発生して、申し訳ございません」というように、謝罪ともとれるような言動は、厳に慎まなければなりません。

「こちらが販売したもので損失が出てしまい、申し訳ない」という気持ちはわかりますが、ここでは、自己責任が原則です。それでなくても、顧客の中には、「損をした」という感情があります。その一言で、「金融機関が悪いんだ！」というように、金融機関に責任を転嫁させる気持ちが芽生えることにもなりかねません。もちろん“適合性の原則”等のルールに則った販売・勧誘であったことは大前提ですが、不必要な紛争を避けるためにも重要なことです。

◯未然防止のポイント◯

評価損失先をフォローするためのツールとして、「顧客損益状況一覧表」があります。もちろん、全投資信託保有先を対象に作成します。これは、本部でまとめて、全店分を作成するケースもあれば、営業店ごとに作成しているケースもあります。

「顧客別損益状況一覧表」は、パソコンでデータを作成しているので、商品別・評価損失の大きい順に並べ替えするなど、工夫して使用することができます。その中から、損失が出ている顧客をピックアップし、金融機関のほうからアプローチをし、フォローする必要があると考えられます。

いろいろな方法が考えられますが、役席者が主体となって行うのも効果的です。具体例をあげれば、ある金融機関では、本部から各営業店に、3か月に一度、「顧客別損益状況一覧表」が送られます。それをもとに、営業店では、顧客に面談したうえで、内部管理責任者がコメントして、本部に返す流れになっています。

顧客との面談におけるヒアリングのポイント例は、次のとおりです。

① 現在の評価損失が、このくらいだと認識していたか？

　新聞などで、ファンド価額を把握していたか？

② 今回の投資元本は、全体金融資産に対して、どの程度の割合か？

③ 当面、使途のない資金として、長期投資のスタンスがとれるか？

④ それとも、この際、一部でも、この投資を解約したいか？

⑤ 今後のマーケット動向(株式市場・為替市場)をどのようにみているか？

②や③については、投資をはじめるときにも、ヒアリングしている項目ですが、時間の経過と状況の変化によって、顧客の考え方も変わっていきます。あらためて、投資目的を確認して、そこから、話をすすめていくとよいでしょう。

投資信託関連のあっせん事例

　ここからは、投資信託に関する実際の ADR 事案を題材にしていきます。

　以下のケース①〜③が購入時の説明不十分、ケース④〜⑥が乗換え取引を含めて保有する投資信託についての応対、ケース⑦〜⑧がアフターフォローに関するクレーム、として区分しています。

　これらは、投資信託のお客様とのやりとりの各段階であり、どのような段階であっても、ADR に発展してしまうクレームは生じるおそれがあるということです。しかし一方で、どのようなクレームについても「もっと、○○のようにしていれば、ここまで大事にはならないで済んだ…」という反省があります。以下のケースでは、特にポイント部分に留意しながら、この反省点に着目してみたいと思います。

》ケース① 説明不十分で購入させられた投資信託（元本割れ相当額の損失補てん請求）

＜申立ての内容＞

　申立人は 40 歳代。すでに取引をしている夫を通して、投資信託の勧誘を受けたところ、「安全な商品である」旨の説明もあったことから購入するに至った。

　本件資金は、子供の大切な教育資金であることは、銀行担当者に伝えてある。また担当者から、商品内容や元本割れリスクについて、十分な説明を受けていない。

＜銀行側の見解＞

　夫を通して勧誘を行ったが、A さん自身が購入を希望して、販売に至ったものである。

　当行担当者は、A さんからの聴取および所定の書面により、投資意向・投資経験・保有金融資産・購入原資の性格等を確認している。その後、A さんから「購入原資が教育資金である」旨の申し出があったことから、「投資にあてることが良いかどうか、慎重に考えてほしい」と説明してある。そのうえでの判断と購入である。

＜あっせん手続の結果＞

　B 銀行に対して、A さんの投資意向の確認が不十分であったこと、また商品内容やリスクについて、A さんが十分に理解できるだけの説明が尽くされていたか疑

問が残ることを指摘した。

そのうえで、B 銀行が損失の一部を負担するとのあっせん案を提示。あっせん成立。

》》ケース①のポイント

まず着目することは、申立人が 40 歳代、すなわち高齢者などではないことです。

つまり、年齢的に一律に留意する層ではなくても、実際の投資適合性はさまざまであり、時として金融機関側からすれば「そんなことを知らないはずはないだろう……」というような事柄が、誤解や認識不足のテーマとなってしまうことを留意しなければならないのです。

また、本ケースの双方の主張をみると、将来は教育資金として使うという目的は認識されているものの、「慎重に検討してほしい」という銀行側の投げ掛けは十分に届いていないことがわかります。銀行側では、より具体的なリスク変動の数値（標準偏差や騰落率など）を示しながら、検討を促していく必要があったといえるでしょう。

》》ケース② 説明不十分で購入させられた投資信託（元本割れ相当額の損失補てん請求）

＜申立ての内容＞

申立人は 50 歳代。自分名義の定期預金が満期となり、妻がその継続手続を行うために B 銀行を訪ねたところ、投資信託の説明を受けた。その後日に、自分名義で購入する手続に至ったものである。

自分自身は、妻から間接的に説明は受けていたものの、銀行担当者から直接説明を受けてはいない。

＜銀行側の見解＞

当行担当者は、A さんの妻からの徴取により、A さん自身の投資適合性について確認しており、本件商品の販売に問題はないものと判断した。

名義人である A さんに、直接面談をしていないこと、また本件商品に係る一部の書面に、A さんの妻による記入があったことは認める。

＜あっせん手続の結果＞

B 銀行が、A さんに直接の面談・説明を一度も行っていないこと、さらには必要

書類の一部に代筆が認められること等を勘案すると、本件商品の販売方法はきわめて不適切であったと言わざるを得ない、ことを指摘した。

そのうえで、B銀行が損失の一部を負担するとのあっせん案を提示。あっせん成立。

⟫⟫ケース②のポイント

現在でも、預金の継続手続であれば、妻など同居親族による全面的な応対を許容しているケースもあります（特に、渉外先等）。しかし、投資信託などリスク資産に関しては、本人との面談による手続が必須です。仮に、本人が仕事などで日中不在であるとしても、書類は本人に書いておいてもらうことはもちろん、書類を授受するその場で本人と電話で確認を行うなどの対応は欠かせないでしょう。

また本ケースでは、書類の一部に妻の代筆があることも、きわめて不適切な販売方法として指摘されています。書類の記入箇所の中でも、筆跡確認がむずかしいレ点などは、代筆が発生しやすい箇所ですが、特に投資信託の書類では、重要事項の確認などはレ点によるものが主体です。

したがって、このような箇所を代筆（妻が代わりにチェックしている）とのことになれば、購入意思が確認できていない勧誘と認定されるおそれが高くなります。

⟫⟫ケース③ 説明不十分で購入させられた投資信託（元本割れ相当額の損失補てん請求）

＜申立ての内容＞

X氏は資産運用についてY銀行担当者に相談したところ、本件・投資信託を勧誘された。

その購入について不安を示したが、Y銀行担当者から購入を急かされるような発言を受けたため、購入してしまった。

その際、担当者から投資経験・投資意向・保有金融資産額等の確認も受けていない。

＜銀行側の見解＞

X氏から商品の購入について不安が示されたため、本件商品を購入しないこともできる旨を説明したが、X氏から購入希望を受けたため販売に至ったものである。

担当者が作成した投資経験・リスク資産比率にかかる記録の一部に誤りはあるが、X氏の投資意向・投資経験等について十分に聴取し、正確な情報を把握したうえで販売に至っており、問題はなかったものと判断している。

＜あっせん手続の結果＞

Y銀行がX氏の投資意向について、十分に確認していたか疑問が残ること、X氏の理解度の確認が不十分であった可能性があることなどから、Y銀行が損失の一部を負担するとのあっせん案を提示した。

》》ケース③のポイント

ケース③では、「担当者から購入を急かされるような発言を受けた」という申立てが大きな問題といえます。一般的な営業の場面でも、言葉の調子に差はあるにせよ、決断を急がせるような応対が見受けられます。これが事後になって、「自分には十分な購入意向はなかった……」との申立てにつながってしまうのです。

販売側はむしろ、当日の購入を見合わせるような提案をするべきでしょう。営業機会を逃したくないとの気持ちはあるにせよ、それは「2、3日しましたらまた伺いますから、それまでにお考えになっておいてください」のようにつないでおけば、単に機会を捨ててしまったことにはなりません。特に高齢者などは、親族と相談する機会をつくっておくことへの必要性も高いでしょう。

》》ケース④ 誤った説明によりスイッチングができなかった投資信託に係る損害賠償請求

＜申立ての内容＞

申立人は50歳代。B銀行で投資信託のスイッチングを申し込んだところ、申込金額が取引可能金額に満たないとの説明で、申込みを断られた。しかし、後にその説明が誤りであり、スイッチングが可能であったことが判明したため、スイッチングができたと仮定した場合における、利益相当額（機会逸失利益）の損害賠償を求める。

＜銀行側の見解＞

スイッチングの取扱いについて誤った説明を行ったことは事実であるが、Aさんの主張する損害額（スイッチングにより購入できた投信が、その時点から現在までに値上がりしているため、その値上がり相当額）が妥当とは認識していない。

＜あっせん手続の結果＞

　B銀行が、スイッチングの取扱いについて誤った説明をしたことは事実であり、対応に問題があったことを指摘した。そのうえで、解決金を支払うあっせん案を提示した。

⫸ケース④のポイント

　ケース①～③までの説明不十分に比べると、このケースのような「誤った説明」事案の件数は少なくなります。しかし、本ケースのスイッチングの可否に加えて、次のような誤った説明事例がこれまでにもみられます。

　「本日までに買付け申込みをすれば、当月分配金を受け取れるとの説明であったが、実際には昨日受付け分までであった」

　「新興国債券ファンドを換金し、資金受取日は5営業日目との説明であったが、実際に受け取れた日は6営業日目であった」

　このような投資信託商品の仕組みにかかる誤った説明は、顧客の資金繰りに問題をきたしてしまう可能性も高く、その場合に請求される損害賠償額も高額になるおそれがあります。本ケースについては、「もしその時に購入できていれば、これだけ利益を得られたはずだ」という逸失利益が争点となっているため、あっせん案においてもその全額を認めることにはなりませんでした。しかし、その解決金の程度は、銀行側の過失の程度にも左右されるため、いずれにしても誤った説明がないように十分な注意が必要です。

⫸ケース⑤ 不適切な対応で損失が拡大した投資信託に係る損害賠償請求

＜申立ての内容＞

　申立人は50歳代。豪ドル建ての投資信託を相続したが、仕組みがよくわからないこともあり、まずこれは解約した。その際に、担当者から話のあった外貨建てMMFで運用されるものと思っていた。

　しかし実際には、解約金は金融商品仲介口座に入ったままであって、外貨建てMMFの購入手続はされておらず、後日、あらためて購入手続を行うこととなったが、時期が遅れたことで為替が変動し、本来受け取ることができた金額を得られなかった（逸失利益）。

＜銀行側の見解＞

たしかに運用手段の一つとして豪ドル建て MMF を説明しているが、購入する場合には、別途手続が必要となることについて説明している。対応に問題があったとは考えていない。

＜あっせん手続の結果＞

当事者双方の主張に隔たりが大きく、あっせん成立の見込みがないことから、あっせん手続を打ち切った。

》》ケース⑤のポイント

このケースも、実務上は発生する可能性の高いものです。私たち側からすれば、書類を徴求することなく買付けに至らないのは当然のことと思われますが、顧客の側からすれば、相続と換金に伴い提出した一連の書類の中に、説明のあった外貨建て MMF に関する書類が含まれているものと考えるかもしれません。

仮に訴訟に発展した場合、いずれに過失が大きいかを議論する際には、一つひとつの書類について、何のための書類であるかを正確に説明していたかどうかが問われることになるでしょう。その説明が十分ではなく、顧客が誤解することにも一理あるとの心証になれば、一定額の過失責任が認定されるおそれもあります。

》》ケース⑥ 不適切な対応で購入した（乗換勧誘）投資信託に係る損害賠償請求

＜申立ての内容＞

申立人は 60 歳代。元々保有していた投資信託に評価損失が生じていることを担当者に相談すると、「別の投資信託に乗り換えれば損失を取り戻すことが期待できる」と言われたことから、保有している商品を解約して新たな商品を購入した。

新たな投資信託からは、多少の利益を得ることはできたが、それは評価損失の解消にはほど遠いものである。

＜銀行側の見解＞

評価損失の相談に際し、担当者からは、保有し続けて様子をみるか、別の商品に乗り換えるか、二つを提案したところ、A さんが乗換えを希望したものである。

また担当者が、乗換えによって評価損失を取り戻せるとの断定的判断を提供した事実はない。

＜あっせん手続の結果＞

　当事者双方の主張に隔たりが大きく、あっせん成立の見込みがないことから、あっせん手続を打ち切った。

》》ケース⑥のポイント

　いわゆる乗換勧誘取引は、かねてより金融当局も注視し続けているものですが、近年は本ケースのように、明白に販売する銀行側主導ではないが、顧客に言わせると「奨めに従って購入に至った」とされる形態が増えています。

　本ケースのような乗換取引に際して留意すべきことは、単にどちら側が主導となって意見形成したかということにとどまらず、「顧客の期待感はどの程度であり、それが実現する確率としてどういった説明をしたか」を記録しておくことです。この確率の説明については、当該ファンドの過去５年程度の価格推移など資料をベースに行うべきです。換言すれば、抽象的な表現や担当者個人の想定などによって、その実現可能性を語らないことです。

　本ケースでも、あっせんは不成立となっているため、その後訴訟に持ち込まれるおそれもあります。訴訟となった場合、立証責任は銀行側が負うことになるため、上述のような記録が整備されていることが大切になります。

》》ケース⑦ アフターフォローが不十分で損失が拡大したことによる損失補てん請求

＜申立ての内容＞

　Ｙ銀行の担当者は、購入した投資信託の基準価額を、毎月報告することを約束した。しかし、この約束を守らなかったため、解約の機会を逸してしまい、その結果、損失が拡大した。

＜銀行側の見解＞

　担当者が、基準価額を毎月報告するという約束をした事実はない。

　また、担当者は、所定の資料に基づき説明等を行っており、販売時点での問題もない。

＜あっせん手続＞

　本件紛争について、当事者双方の主張に隔たりが大きく、あっせん成立の見込みがないことから、あっせん手続を打ち切る。

》》》ケース⑧ 不適切なアフターフォローで解約機会を逸したことによる損害賠償請求

＜申立ての内容＞

　Ｙ銀行担当者による資産運用アドバイスが適切になされず、結果、高値で売却する機会を逸してしまった。よって、当該逸失利益の支払いを求める。

＜銀行側の見解＞

　担当者のアフターフォローは、適切に行われていた。

　またＸ氏は、当該商品を継続保有する意向であったことを確認している。

＜あっせん手続＞

　本件申立てについては、Ｙ銀行担当者のアフターフォローに関する詳細な事実認定が必要になる。しかし、あっせん手続において、これを行うことは手続上困難であり、全国銀行協会「苦情処理手続および紛争解決手続等の実施に関する業務規程27条」1項6号（加入銀行の経営方針や融資態度、あるいは銀行員等個人に係わる事項等、事柄の性質上、紛争解決手続の利用が適当でないと認められる場合）に該当する。

　よって、あっせんの適格性なし、と判断する。

》》》ケース⑦・⑧のポイント

　金融庁監督指針をはじめとして、これまで以上にアフターフォローの重要性が提起されています。

　ケース⑦にみる"価格お知らせサービス"は、最近、よく問題とされているところです。結論から言えば、実務上、このような約束は行わない（顧客から依頼されても受けない）ことを徹底すべきと考えます。

　投資助言業務は、登録金融機関の窓販業務の範疇ではありません。したがって、顧客は自己責任で投資を行い、自ら財産管理していくことが原則です。「銀行が教えてくれなければ、ファンド価格や自らの評価額がわからない」という状態は、決して肯定されないのです。

　ファンド価格は、毎日の新聞やファンド会社のホームページで確認できます。（顧客の自宅にあるパソコンに、当該HPをお気に入り登録してあげることは、証券業務とは関係ないので許容できます）

　また、分配金支払通知書や残高報告書など、定期的に送付される資料によっても

確認することができます。こうした情報源を教えることがサービスであり、担当者に"おんぶにだっこ"の状態を許容することは、むしろ否定されると考えます。

ケース⑧も同じような論点になりますが、顧客がファンド価格を自主管理していることが基本になります。銀行側が助言できるとすれば、「口数指定して、2回に分けて換金してはどうか？」などであり、「今が売り時…」などと言えるものではありません。

この申立ては「あっせんの適格性なし」として退けられていますが、今後も類似の事案は出てくるものと思われます。その意味では、自行庫におけるアフターフォロー要領（どの程度の頻度と基準でフォローするか、何を説明・回答するか等）を定めておく必要があるでしょう。

なお、上記に紹介した事例の他に、「高齢者取引と代理権限」を論点にしたものがあります。その概要は、次のとおりです。

【申立人の属性】　80歳代の個人

【申し出内容】（一部抜粋）

　本件商品は、B銀行担当者から勧誘された私の配偶者が、私に無断で、私の預金を原資として私名義で購入に至ったものである。

　私は、本件商品の申込書等に署名押印を行っておらず、本件商品を購入した事実を認識していなかった。

【相手方銀行の見解】（一部抜粋）

　当行担当者は、Aさんの配偶者が、Aさんを含む家族全体の資産を管理していたことから、Aさんの代理人と認識して、本件商品を勧誘し販売に至った。

　当行担当者は、Aさんと面談することを求めたが、往訪時にAさんが常時不在であったため、申込書等をAさんの配偶者に渡したところ、後日、Aさんの配偶者から、Aさんも本件商品の購入を了解し申込書等に署名押印をした旨を聴取し、申込書等を受領した。

【あっせん手続の結果】（一部抜粋）

申立受理 ⇒ 和解契約書の締結

> 　Ａさんに、商品説明や意思確認を行うことなく販売に至っていることは、業務遂行上、重大な問題があったこと等を指摘した。

　高齢者に限りませんが、家族名義の取引を、配偶者その他の者が、本人に代わって行おうとする場合、これをどのように取り扱うべきか？　がここでのポイントとなります。

　上記・相手方銀行の見解の中に、「配偶者が、Ａさんを含む家族全体の資産を管理していたから、代理人と認識した」とありますが、これは適当とはいえないでしょう。たしかに、事実行為として、通帳・印鑑などの重要物を管理していることはあるものの、預金や投信などの銀行取引を本人に代わって行うためには、代理人として正式に届け出ることが原則となります。これらの取引は、一種の法律行為であるため、正当に代理権限を与えられ、かつそれを相手方（銀行）にも顕名（自らが代理人であることを示すこと）する必要があるのです。銀行側としても、代理人届出を受領していなければ、正式な権限ありと認識することは妥当ではないでしょう。

　また、銀行側からは「表見代理が成立している（だから、配偶者を代理人と信じることに過失はない）」との反論も考えられますが、やはり銀行実務として、代理人取引を行う前提として、上記・代理人届出の徴求がルール化している以上、それによらない事実行為のみをもって、「正当な権限を有する代理人だと思った」との主張は通りがたいでしょう。

　また、代理まで至らない"付き添い"も、日常的にはよく見られますが、この場合も、取引の主体はあくまで本人です。換言すれば、付き添いの親族が取引内容を理解・承諾したとしても、本人の主体的意思が確認できなければ、その取引は行えない点、留意が必要です。

＊　　＊　　＊　　＊　　＊

　いかがでしょうか？　中には、同じようなクレームに思い当たる部分があったかもしれません。これらのケースを通して、具体的にどういったお客様応対が求められるか？　について、以下、考えてみたいと思います。

》説明における、お客様への応対姿勢

　ケース①のポイントの中に「…慎重に検討してほしいという銀行側の投げ掛けは、

十分に届いていない」という部分がありました。またケース③のポイントの中には「…言葉の調子に差はあるにせよ、決断を急がせるような応対が見受けられる」という部分もありました。これらはたしかに、金融機関側からすれば「そのような意識・意図はない」と反論があるでしょうが、少なくとも ADR の場においては、水かけ論となっている以上は、金融機関側にも一定の責任を求める結論となるでしょう。

　こうした状況を回避していくためには、説明をしていれば免責されるのではなく、説明がお客様に理解されなければいけない、そのためには本日一日で終わらなくてもよい（結果的に、契約・約定が後日になってもよい）という姿勢が大切です。また、こちらから積極的に「ご不明な点はありませんか？　もう一度、繰り返してお話しましょうか？」「本日お買付けにならなくてもかまいませんから、ゆっくりお考えください」など、お客様の理解のペースを尊重する発言をまじえることが必要です。

　そして、こうした発言も含めて、面談メモに残しておけば、仮に ADR の場面となったとしても、金融機関側は十分な応対をしてきたことが評価されるでしょう。

》》アフターフォローで伝えるべき内容

　ケース⑦⑧のポイントの中に、「…こうした情報源を教えることがサービスであり、担当者に“おんぶにだっこ”の状態を許容することは、むしろ否定される」とあります。

　お客様と担当者の関係性には、いろいろなパターンがありますが、お客様が担当者を信頼することと、依存することは違います。この依存は、その結果が（たとえマーケットの変動など、外的な要因であったとしても）芳しくない方向に振れたとき、失望を通り越して不信感に変わり、担当者への責任追及へと向かってしまうおそれもあります。お客様にしてみれば「あなたにまかせてきたのに…」ということなのでしょう。

　こうした状況に陥らないためには、やはりお客様と一定の線引きをすること、そしてお客様が自立して、自身の財産管理（評価額の把握）をできるように手助けをすることを主と考えるべきでしょう。具体的には、ファンド価格について新聞やネットのどこを見ればよいか？　自身の保有口数はどんな書類やサイトで確認できるか？　などを教えることです。

　よくリテラシーということが言われますが、ことさら難しいことではなく、こうした情報提供の積み重ねが大切だと思われます。

　また、アフターフォローの頻度、対象となるお客様の基準についても、担当者の主観ばかりに任せるのではなく、組織全体として一定の基準を設けておくべきでしょう。ともすると、話しやすいお客様・敬遠したくなるお客様で、線引きがされてしまいがちです。こうした点を避けることが、苦情の芽を摘んでいくことにつながります。

》》》わかっているはず、との思い込みをしない

　ケース⑤のポイントの中に「…私たち側からすれば、書類を徴求することなく買い付けに至らないのは当然のこと」とありましたが、銀行業務における常識感覚は、世間一般のお客様と共有されているものではない、ことを自覚しておく必要があると思います。

　ADR の場面でも「…当然に理解されていると思った」「署名をしているのだから、異存はなかったはず」という金融機関側の見解が、受け入れられないケースは少なくありません。お客様が適格機関投資家ではない以上、金融機関との情報格差・知識の格差は否めません。このため、「よく理解しないままに購入に応じた」という申立てについても、一定の保護が図られることになるのです。

　私たちは実務において、結論を急ぐことを控えて、お客様があいまいに返事をしているところがないか？ 注意していくことが必要です。すべてを疑って……ということではありませんが、ピンポイントで念押ししていく対応が望まれます。

第3章▶ 預金業務（相続・マネロンなど）

　投資信託や外貨建て保険などの商品は、元本変動をはじめとしたその商品性に起因して、お客様の苦情・クレームが発生する確率が高くなります。一方、普通預金や定期預金については、商品性それ自体が問題となるケースは少ないでしょう。

　しかし、以下にみるように、預金にかかるさまざまな業務において、苦情が発生しています。

①　口座開設時などでの本人確認業務（マネロン・反社確認などの観点で求める本人確認において、疑問を呈されたりするケース）

②　預金払い出し業務（家族間での代筆などが問題とされるケース）

③　窓口応対（行職員の態度や待ち時間などで、苦情を受けるケース）

④　相続業務（一部の相続人に対して払出しを行ったことによって係争となるケース）

　これらについて、応対の仕方と未然防止のポイントについて、考えていきましょう。

 本人確認・反社等に関する苦情対応

「なぜ、本人確認書類を提示しなければいけないのか」

　金融機関には、犯罪収益移転防止法により取引時確認義務が課されており、これに違反した場合には、是正命令・罰則の対象となっています。顧客には、その趣旨をよく説明して了解を得たうえ、本人確認書類を提出してもらい取引をする必要があります。

　取引時確認を要する主な取引は、①預金口座の開設、貸金庫取引等の開始、②200万円を超える大口現金取引、③窓口での10万円を超える現金送金、などの場合です。確認は公的証明書によることが義務づけられ、その後の取引については、取引時確認済みであることを確認すれば新たな確認は不要とされていますが、同一顧客が、たとえば200万円以下の金額で頻繁に取引をしているような場合や、通常の取引ぶりと比べて相当高額の資金を移動させるような疑わしい取引実態があるときは、新たに取引時確認を要することとなっていますので注意が必要です。

●苦情が発生してしまった場合の対応●

　単に「法律で決まっています」「犯罪防止のため……」などと事務的にお願いしたのでは、顧客の気分を害する場合もありますので、注意が必要です。法律で義務づけられていることを丁寧に説明し、協力を要請しても、顧客の納得を得られない場合は、役席者との連携も必要になってくるでしょう。また、ご協力いただいたときには、お礼の言葉を忘れないようにしましょう。

◎未然防止のポイント◎

　取引時確認に協力的ではない顧客に対しては、法律で義務づけられ、対象取引をされる人全員に協力していただいていることを丁寧に説明し、協力を要請します。それでも、協力していただけない場合には、金融機関として、法律を逸脱する行為をすることはできず、対象取引をすることができないことを丁寧に説明しなければなりません。

　ところで、2016年より、投信取引口座開設・マル優適用預金設定など特定の取引については、マイナンバーを取得することとなっています。また2017年には、NISA制度改正に伴い、口座保有のお客様からのマイナンバー申告を進めました。さらに2018年からは、任意ではありますが預金へのマイナンバー付番の制度が始まっています。

　このような流れの一方で、顧客の側では、マイナンバーを提示することで「自分の財産状況など個人情報が流出するのではないか？」といった懸念を持つケースもあります。これが高じると、苦情に発展するおそれもあるでしょう。

　預貯金口座への付番のそもそもの目的は、預金保険機構によるペイオフ発動時における預貯金額の合算、あるいは社会保障制度における受給者の資力調査、その他税務調査などに限定されています。換言すれば、これらに類する以外の目的で、公

的機関が預貯金情報を任意に利用することは予定されていませんし、ましてや民間会社などがこの情報にアクセスすることはないわけです。

　それでも、税務調査という目的について懸念を持つお客様がいるかもしれません。しかし現在においても、税務職員は金融機関に対して質問調査権限があり、必要に応じては帳簿書類などを確認することができます。したがって、預貯金付番によってことさらに、金融機関と税務署との情報リンクが強くなったと考えるものではありません。

　このような趣旨を説明して、マイナンバー申告についての懸念は要らないことを理解していただくようにしていくとよいでしょう。

「反社会的勢力ではないことを約する同意に署名・捺印させられた」

　現在金融機関では、反社会的勢力との関係遮断のため、銀行取引約定書や預金規定、当座勘定規定等に暴力団排除条項を追加しています。これにより、新規の取引申込者からは、申込時に、口座開設申込書で「反社会的勢力には該当しない」旨を表明・確約してもらうことになりました。これは、反社会的勢力に対する牽制・抑制効果を狙ったもので、この表明・確約が虚偽であった場合には、虚偽申告を理由に解約できることとしました。したがって、口座開設依頼人が明らかに反社会的勢力の人物であるとすでに判明している場合、あるいは表明・確約を行っていただけない場合には、その場で口座開設を謝絶することになります。

●苦情が発生してしまった場合の対応●

　法律的には「新規取引の謝絶」は、契約自由の原則により当事者同士が自由に決められるわけで、金融機関の判断で謝絶も自由です。謝絶の理由も開示する必要はありませんので、疑わしいグレー情報の場合にも、問題はないというのが多くの法律家の見解です。したがって、新規申込人が明確な回答をしない場合には、口座開設を拒絶することができます。

　具体的には、当店だけではなく、各金融機関、業界を挙げて反社会的勢力との関係遮断に取り組んでいることを、ポスターやパンフレット等を利用して、丁寧に説明して、表明・確約を行っていただきます。また、店頭で円滑に納得していただけない場合は、役席者が応接室等、人・場所・時間を変えて、説明します。

◯未然防止のポイント◯

　政府の「企業が反社会的勢力による被害を防止するための指針」（2007年6月19日）によれば、「反社会的勢力は、企業で働く従業員を標的として不当要求を行ったり、企業そのものを乗っ取ろうとしたりするなど、最終的には、従業員や株主を含めた企業自身に多大な被害を生じさせるものであることから、反社会的勢力との関係遮断は、企業防衛の観点からも必要不可欠な要請である」とし、「反社会的勢力とは、取引関係を含めて、一切の関係をもたない。また、反社会的勢力による不当要求は拒絶する」ことを求めています。

　反社会的勢力による不当要求に備えて、暴力団排除条項を活用して反社会的勢力を排除するとともに、平素から、警察、暴力追放運動推進センター、弁護士等の外部の専門機関と緊密な連携関係を構築しておく必要があります。

　なお、近時の反社に関するクレーム事例は、反社と目される本人以上に、その家族との取引諾否に広がっています。

　たとえば、①反社リストに夫が載っているが、その妻が預金口座を求めてきた
　　　　　　②同じく、20歳代の長男（別居している）が預金口座開設を求めてきた

などのケースが考えられます。

　これらの点については、各金融機関ごとにある程度、対応ルールが異なっていますが、基本的な考え方としては、その預金口座や資金が悪用されるおそれがあるかどうかにあります。その視点からは、まず同居していない20歳代の長男は、生計を一にしているわけではないため、その資金が流用される懸念は少ないことになります。

　また妻についても、普通預金など生活必要資金を入出金するための口座については、開設を認める対応が少なくないようです。

　さらに、カードローンなどの与信行為ですが、これは資金トレースが困難であることから、預金口座以上に金融機関の対応が異なります。ただし、すでに開設済みの口座凍結やローンの回収になると、妻名義の場合には明確な理由づけが求められます。単に、総合的な判断ということでは係争に発展する可能性も否定できません。

② 親族払出し・代筆に関する苦情対応

「わたし名義の定期預金を、なぜ、夫に払い戻したのか」

●苦情が発生してしまった場合の対応●

　　預金取引で夫が妻名義の預金の払戻しを受けたり、逆に夫名義の預金に妻が入出金することは通常行われています。また、民法には、夫婦の日常家事に関する債務の連帯責任の規定もあります（民法761条）。

　　これらのことは、夫婦が正常な関係にあることを前提にしているものです。別居中など夫婦関係が破たんしているような場合や、その預金が、妻が婚姻前から持っている財産や妻が相続や贈与などで得た財産の場合は、妻の意思を確認せずに夫に支払った金融機関に過失責任があると考えられます。妻から事情をよく聞いたうえで、営業店内でも預金がどのような過程で支払われたかを検証し、本部担当部署も交え、慎重な対応が求められます。金融機関に過失責任があると考えられる場合には、紛争に発展する可能性が高いケースです。

◯未然防止のポイント◯

　　民法761条は、別居中など夫婦関係が破たんしているような場合には適用されない可能性が大きくなります。また、夫婦の一方が婚姻前から持っている財産や、夫婦のどちらかが相続や贈与などで得た財産は、その者の特有財産（夫婦の一方が単独で有する財産）とする規定もあります（民法762条1項）。

　　夫婦間の問題に首を突っ込むのは、抵抗感があると思います。しかし、これまでに、このようなケースでトラブルがあったので、念のため**預金名義人の本人の意思の確認**をしなければならないことを夫に説明し、妻の意思を確認し、了承を得たうえで、夫に支払う必要があるでしょう。

代筆に応じたところ、後で「依頼していない」と言われた

　　日常取引において、約定書、各種申込書、預金の入出金票などは、預金者に記入してもらうことが原則です。しかし、預金者の中には金融機関の行職員に記入を依

頼する人があり、金融機関にもこの種の依頼に応ずることを一種のサービスと心得ている人がいるようです。しかし、預金の払戻請求者の代筆依頼に応じて金融機関が代筆したところ、預金の払戻請求者が正当な権利者でなかった場合、後日、真の預金者から、代筆に応じた金融機関の責任が追及されることがあります。

　また、真の預金者からの依頼であっても、安易に代筆に応じた場合、時間が経過すると、「依頼を受けた」「依頼をしていない」などとトラブル発生の原因になることもあるので、回避することが望まれます。

●苦情が発生してしまった場合の対応●

　代筆については、苦情が発生してしまった場合の対応というより、苦情が発生する以前の問題で、厳に慎むべきです。預金にかかわる書類だけでなく、金融商品の販売にかかわる書類等契約にかかわる書類の項目は、**全体で一つの意思表示を構成する**ものと考えるべきです。

　仮に、顧客がその事実を忘れて、「そんな書類、書いた覚えがない」といったとして、代筆をしていなければ、筆跡でその顧客の書いた書類だということが証明できます。

◎未然防止のポイント◎

　預金者に代わって金融機関が代筆する行為の法律的な解釈は、準委任（民法656条）と解されています。すなわち、代筆に応ずることは法律行為以外の事務を受任することです。準委任と解すれば、金融機関としては、善良な管理者の注意義務をもって、当該事務を処理しなければならないことになります。代筆や各種届出書の受理については、相手にわかるように説明し、正規の手続で処理するように心がけるべきです。

　金融機関が安易に代筆依頼に応ずることによって、不法行為者の不法行為に加担したとみられる場合もあります。したがって、金融機関としては、代筆が金融機関本来のサービスと考えてはなりません。

　伝票その他の届出書類は、自筆してもらうことにより間違いをなくし、迅速な事務処理ができることを顧客に説明し、了解を得る必要があります。

　ただし、身体障がい者や高齢者の場合など、自筆が難しい場合があります。そのようなときには無理強いするのではなく、顧客の事情に配慮して柔軟に対応します。

③ 窓口応対に関する苦情対応

》》窓口における苦情の特徴

　窓口で生じる苦情のほとんどは、行職員の言動が顧客の感情を害した場合による ものと推察されるので、紛争に発展する可能性は低いと考えられます。しかし、前 述のとおり、大切な顧客を失う可能性はあり、紛争に発展する可能性がまったくな いわけではありません。

- ●苦情の未然防止
- ●苦情が発生してしまった場合には、迅速、公平かつ適切な対応

が必要になります。

　そこで、窓口応対において考えられる苦情の例をいくつかあげ、その対応策を解 説していきます。

「担当者の身なり、態度が気に入らない」という苦情への対応

　顧客の指摘どおりであれば、いうまでもなく、社会人としてのマナーであり、常 識の範疇で、苦情以前の問題です。顧客に不快感を与えるような身なり、態度で顧 客応対を行わせるようでは、本人だけでなく、それを黙認している管理者の責任も 問われることになります。

　また、このことは、顧客応対を伴うすべてのケースにいえることです。

●苦情が発生してしまった場合の対応●

　まず、このような苦情が発生する要因は顧客の感情によるところが大きいと考え られます。もしかしたら、苦情の内容が真の原因ではなく、今日は虫の居所が悪く、 些細なことでも気に入らない、ということもあるでしょう。

　しかし、些細なことでも、原因が金融機関側にあることは事実です。

　さらに、いいがかりと捉えられるような苦情であっても、原因は何かあるはずで す。

　対応としては、顧客の言い分をよく聞き、顧客に指摘されたところについては丁 寧にお詫びをして、以後注意をし、改善していく旨を伝えるべきでしょう。まず、

顧客の感情を抑えなければなりません。それでも、収まらない場合には、役席者に代わってもらったり、場所を変えて応対します。場所を変える理由の一つとしては、苦情を申し出ている顧客の気分を変えることもありますが、他の顧客に対する配慮としても必要になります。窓口で、苦情を申し立てている顧客の姿は、他の顧客にとっても不快なものです。そのうえ、長時間、窓口に陣取られては、さらに、他の顧客をお待たせすることになります。

このような苦情、つまり、「特定行員の素行や接客態度に関する事案」については、指定ADR機関では扱わないとされています。ただし、金融機関の対応によっては、大切な顧客を失うことになります。また、こうした苦情が、次の苦情の種になることもあるので、注意が必要です。

◎未然防止のポイント◎

身だしなみについては、始業前には必ず、その他の時間であっても機会があれば、きちんとしているかチェックすることです。最近では、私服デーや夏季期間中はクールビズを採用している金融機関も多くなっていますが、その場合も、あくまでも顧客応対をすることを前提とした身だしなみをしなければなりません。おしゃれは自分のためにするものであり、身だしなみは相手（顧客）のためにするものです。

態度については、まず、顧客の立場に立った応対をし、顧客の話をよく聞き、たくさんある金融機関の中から選んでいただいたことに対し感謝の気持ちを持つことです。

「待ち時間が長すぎる」との苦情への対応

繁忙日などには予想以上に店内が混み合い、顧客をお待たせしてしまうケースもあります。たいていの顧客は周りをみれば、混んでいるかいないか、少し待たされるかはわかります。しかし、そんな中で、窓口の職員同士が雑談をしていたり、特定の顧客と談笑している光景を目にしたらどうでしょう。やはり、よい気持ちはしないと思います。また、キャンペーン商品のセールスをしなければならないこともあるかもしれません。たしかに、ノルマ達成は大切なことですが、他の顧客をお待たせしているような場合には慎むべきです。

特に、為替や投資信託の購入申込み等を取り扱う場合は、時間によっては、翌日や翌々日の取扱いになってしまうこともあります。そうなると、顧客に損失が発生

して、紛争にまで発展する可能性もあります。

●苦情が発生してしまった場合の対応●

　このような苦情の原因としては、イライラして感情的にひとこと言いたいという
ケースも多いでしょう。その場合はまず、お待たせしたことについて、誠意をもっ
てお詫びします。そして顧客の苦情の内容に耳を傾け、その原因が金融機関にあれ
ば、今後改善していく旨を伝えてお詫びしなければなりません。また、それでも収
まらない場合は、役席者に応対を代わってもらうのがよいでしょう。

　なお、中には、周りの状況がみえず苦情を言ってくる自分勝手な方もいらっしゃ
るかもしれません。そういった場合でも、その顧客の順番を優先するなどの特別扱
いは慎むべきです。苦情が、また別の苦情を招くことになります。お待たせしてい
ることをお詫びし、順番どおりに行っていることを伝えましょう。それでも収まら
ない場合には、場所を変えて、役席者に応対を任せます。

◎未然防止のポイント◎

　まず、顧客に対して、「お待たせして申し訳ございません」という気持ちを持つ
ことが大切です。精神的なことですが、このような気持ちを持つことで、自ずと応
対も変わってきます。たいていの場合、その気持ちは通じるはずです。

　また、多くの金融機関ですでに行われていることだと思いますが、事前の対応と
して、繁忙日を告げるカレンダーの掲示、開店前に前もって準備しておけるものが
あればその準備、バックアップ体制を決めておくことなども大切です。もちろん、
自分の身のまわりも、効率よく仕事が行えるよう、整理整頓しておかなければなり
ません。

　混雑時には、具体的に、あとどれくらい時間がかかるか告げることです。忙しい
ときほど、ほんの一言でも顧客に声を掛けることを忘れないでください。そのうえ
で、手続を受け付けるときも、手続が終わって顧客を送り出すときも、誠意をもっ
て「お待たせしました」というお詫びを一言添えましょう。

　繁忙日など事務的な応対になりがちなこともあるでしょうが、そのような気持ち
で顧客応対していれば、自ずと顧客に対する態度は変わってきます。顧客も周りを
みれば、状況はわかるはずです。そのなかでできる最大限の応対をしていかなけれ
ばなりません。

　また、すべての顧客に平等に接することです。ついつい顔見知りの顧客と和やか
に応対しているところを、次の顧客がみていて、自分の番になった途端、急に事務

的な応対になったら、どう思うでしょうか。あまりよい気持ちがしないのは当然でしょう。特に、待ち時間が長い場合は、なおのことです。

　もちろん、顔見知りの顧客とコミュニケーションをとることは大事なことで、否定すべきことではありません。しかし、状況をみたうえで対応することは必要でしょう。先にふれた顧客の立場に立った応対をし、顧客の話をよく聞き、たくさんある金融機関の中から選んでいただいたことに対し感謝の気持ちを持つことも、顧客に不平等感を持たせないためには必要です。

相続取引に関する苦情対応

》》苦情や紛争が生じやすい相続取引

　相続取引は、権利義務の移転問題が複雑に絡まり、遺産分割をめぐって相続人同士の争いや、貸出金について金融機関と相続人との利害の対立も起こりがちです。ともすれば苦情や紛争が生じやすい相続取引について理解を深めておくことは、相続取引に関するトラブルの未然防止という意味からも大切なことです。

　ここでは、顧客に相続が発生した場面の中で苦情等に結びつきやすいケースをとりあげます。実際の相続では、複雑な状況が発生するため、定型的に学習することができるものではありませんが、基本を身につけておけば、どのような場面でもあわてることなく対応することができるでしょう。

> 「死亡の事実を知らなかったとはいえ、なぜ、死亡した父親の預金を長男に支払ったのか」

　このような場合、家族が預金を引き出しているケースが大半で、多くは問題がありませんが、仮に遺族の間の相続問題でトラブルが生じたとしても、金融機関が、預金者の死亡を知らず、無過失なら責任は生じません。

●苦情が発生してしまった場合の対応●

　預金は、金融機関に対する預金者の債権ですが、債権（預金）の準占有者（この場合は、死亡した預金者の預金通帳と届出印を持参した者が、準占有者にあたる）

に支払い、来店者が真の預金者ではなかったとしても、金融機関が善意・無過失であれば責任を問われることはありません（最判昭和37.8.21民集16巻9号1809頁）。また、金融機関は多数の預金取引をしているため、預金規定に免責条項を設けています。

したがって、判例や免責条項からみて、預金者の死亡を知らなかったことに過失がなければ責任は生じません。

また、相続人が相続手続について知識がある場合、正式な相続手続の煩わしさを嫌って銀行にはあえて死亡の事実を知らせず、死亡者の預金を引き出してしまうことも、ときどきあるようです。この場合、金融機関が死亡の事実を知りうる立場ではなく、通帳と届出印の持参者が真の預金者であると信じたことに過失がなければ、金融機関の支払いは有効で、責任を問われることはありません。

そのことを丁寧に説明する必要があるでしょう。ただし、渉外先その他預金名義人を銀行側が特定できるようなケースでは、このような無過失の主張立証が困難になります。いずれにしても、名義人本人の確認には十分な注意が必要です。

◎未然防止のポイント◎

預金者の死亡事実を知った場合には、直ちに支払停止手続をします。死亡した預金者の預金については、相続人全員の連署による「相続預金払戻依頼書」、相続人を確認できる戸籍謄本（除籍謄本を含む）、印鑑証明書などを徴求して払戻しに応じます。また、遺言、相続の放棄、相続人の欠如などについても確認します。その場合も、事務的に書類を求めるのではなく、相手にわかるよう丁寧に説明する義務があります。

「なぜ、他の相続人からの預金取引記録開示請求に応じたのか」

●苦情が発生してしまった場合の対応●

遺産相続をめぐって、相続人が金融機関に対し、被相続人の預金取引記録の開示を求めることができるかが争われた訴訟の上告審判決が2009年1月22日にあり、最高裁第一小法廷は、「預金者の共同相続人の一人は、共同相続人全員に帰属する預金契約上の地位に基づき、被相続人名義の預金口座についてその取引経過の開示を求める権利を単独で行使することができる」という判断を示しました。

預金記録の開示を求める権利は法律上規定されていませんが、判決は「金融機関

は、預金者の求めに応じて預金口座の取引経過を開示すべき義務を負う」と判断。そのうえで、預金者が死亡した場合には相続人が預金契約上の地位に基づき、単独でも取引経過の開示を求める権利を行使できるとされました。民法の考え方によれば、相続財産は分割されるまでは相続人の共有財産であり、処分行為は全員の合意が求められる一方で、このような保存行為については単独でも可能と解されています。

　相続人全員の了解のもとに受け付けるという対応を基本とし、申出人の事情に理解を示したうえで慎重に対応することが肝要です。

◎未然防止のポイント◎

　ここで注意しなければならないのは、このような判例があるからといって、安易に一部相続人からの開示請求に応じることは避けるべきです。その背景に相続人間の複雑な状況が絡んでいる可能性もあるからです。

》》》最高裁の判例見直し　―2016年12月19日決定― 　（巻末の判例も参照）

　2016年12月19日、最高裁は相続預金に関するこれまでの見解を覆す画期的な判例見直しとなる決定を行いました。その内容は端的には、「預貯金は遺産分割の対象となる」との見解を示したことです。

　従前から預貯金については、「遺産分割を行うまでもなく、法定相続分にしたがって当然に分割して承継されるもの」とされてきました。このため銀行実務上も、たとえば被相続人の預金が1,000万円で相続人が子供4名であれば、そのうちの誰か一人が払出し請求をしてきた場合、法定相続分1/4に相当する250万円は払い出すことを可としてきました。

　ちなみに、同じ金融商品であっても、株式・投資信託（受益権）、さらには個人向け国債については、これまでの最高裁判例においても、その当然可分性は否定されてきました。つまり、遺産分割によって初めて、その分割払出しが行われるべきものであり、共同相続人の一人が自らの法定相続割合に相当する額を先行して払い出すことは否定されてきたわけです。

　ただし、株式や投資信託についてこのような解釈が取られてきた背景には、議決権などの共益権を有していることから、単純な金銭債権とは異なるとのロジックがありました。しかし、今回の最高裁決定によれば、もはや純粋な金銭債権（預金）についても株式や投資信託と同じく、当然可分性は持たないものと考えることにな

るのです。

　この最高裁決定が、私たちの相続実務に与える影響は小さくありません。たとえばこれまでも、相続人たちによる遺産分割協議が長期化しており、先行的に一部資金だけは手にしたいと思う相続人が払出し請求をかけてくるケースがあり、そのような場合は従前の判例に従えば、金融機関としても法務リスクは少ないという判断で応じてきたこともあるでしょう。

　しかし今後は、そのような申し出についても謝絶する対応が必要になってきます。

　当然に、相続人の側からは「理由はナゼか？　従来は対応していたことが、ナゼ変わったのか？」との質問が出ることでしょう。その意味では、本決定を受けて、各金融機関が自らの事務取扱要領をどのように修正するのか（あるいは、便宜扱いの条件設定をどうするのか）検討が必要です。それに従って、組織全体としてバラバラにならない対応とお客様への説明トークが求められます。

　ちなみに、2017年4月6日（最高裁第一小法廷）では、信用金庫における定期預金・定期積金についても、同じ趣旨の判決を下しています。すなわち、これらについても「相続開始と同時に、当然に相続分に応じて分割されることはないもの」とされました。

　なおその後、民法（相続編）の改正によって、一定額までの相続対象預金の払い戻し制度が創設されました（2019年7月施行）。これはある意味で、本件判例に基づく金融機関対応によって、遺産分割手続きの遅延・紛糾の結果、いつまでも対象預金の払戻しを受けられず、経済的困窮に追い込まれる相続人を救済する目的があるといえます。

　払戻しを受けられる金額は（相続開始時の預貯金額 × 1/3 × 法定相続分）、かつ一金融機関から150万円以内、という制限はありますが、上記目的からすれば、相当程度の効果はあると評価できるでしょう。

5 外貨預金の販売・勧誘における苦情対応

> 「『今後、円安になる』といわれ、米ドル建ての外貨預金をしたら、円高になって損をした」

●苦情が発生してしまった場合の対応●

　新聞やニュース、専門家などが言っている客観的な情報を提供した場合には、まず、お詫びをすることは避けるべきです。苦情内容をしっかりと聞いたうえで、「円安になる」と断言したのではなく、客観的な情報を提供したにすぎないことを理解していただく必要があります。しかし、これが顧客の言うとおり、断定的に「円安になる」と言って、顧客がそれを信じ、契約をしたのであれば、"断定的判断の提供"に該当し、紛争に発展する可能性があります。

◎未然防止のポイント◎

　外貨預金の販売・勧誘をしていると、顧客に、今後の為替レートの動向を質問されることがあると思います。そのような場合は、「新聞やニュースでは、円安傾向にあるといわれていますが、今後の動向をみていかないとなんとも言えません」というように、客観的な情報であることを明確にし、さらに、「実際のところは、そのときになってみないと、誰にもわからない」というニュアンスを伝えるべきです。

　それに加え、販売・勧誘記録や苦情記録簿に、具体的かつ正確に記録を残すべきです。苦情記録簿に、相談や問い合わせについても正確に記録するとしたのは、このようなケースでは、回答内容によっては苦情が発生するケースなどがあるからです。これらの記録は、経緯を顧客に説明する場合も、紛争に発展した場合にも証拠資料になるので、正確に記録し、保存しておく必要があります。

> 「キャンペーンで3か月定期・年利4%だからといわれて、豪ドル預金をしたら、逆に損をした」

●苦情が発生してしまった場合の対応●

　為替リスク、為替手数料の関係でそのような結果になったことを顧客によく説明

し、理解していただく必要があります。為替の見通しについて、どのようなやりとりがあったかについては、前述の例（P.87）と同じく断定的判断の提供には該当していないこと、また、その旨の記録もあることを示して、「言った」「言わない」の水かけ論に陥ることを回避します。

◯未然防止のポイント◯

　高利率にみえても、適用期間、為替手数料を考えれば、思ったより、利率の恩恵を受けることがないこと。また、為替リスクにより、マイナスになることもあり得ることを説明する必要があるでしょう。

　たとえば元本 1,000,000 円を、TTM レート：100 円（設定時、満期時）、為替手数料２円、３か月定期・4%の豪ドル定期預金で運用した場合（小数点第３位以下切捨て、×(1－0.20315)は税金を考慮）、

設 定 時：1,000,000 円 ÷ (100 円 + 2 円) = AU$ 9,803.92

利 息 分：AU $9,803.92 × 4% × $\frac{3}{12}$ か月 × (1 − 0.20315) = AU$ 78.12

元利合計：AU $9,803.92 + AU$ 78.12 = AU$ 9,882.04

円 転 額：AU $9,882.04 × 98 円 ≒ 968,439 円

となってしまいます。この場合、満期時に預入時と同じ TTM で円転しても損失が出てしまいます。その結果、損失を覚悟するか、豪ドル高が進むのを待って円転しなければ、利益は出ないことになります。

　通常、顧客は預金をすれば利息がついて戻ってくると考えています。したがって、ここまで理解したうえで判断していただき、預金の設定をしていかないと、苦情・紛争へと発展する確率は高くなると思います。

6 預金関連のあっせん事例

　次にいくつかの ADR 事案をみてみましょう。

　2022 年度に、全銀協相談室に寄せられた相談・苦情の合計は 17,609 件、うち苦情件数は 4,151 件です。そして、この苦情のうち、預金業務に関するものは、1,357 件（約 33%）であり、最も高い比率となっています。証券業務に関する苦情は、証券・金融商品あっせん相談センター（FINMAC）など別の機関に申し立てられることも多いため、一概には言えませんが、預金業務に関する苦情が相当の比率であることは

わかります。

　この預金業務の具体的な内容としては、口座解約・払戻し、口座開設、相続に関する苦情が全体の７割程度を占めています。特に、①マネロン・反社絡みで、預金口座が凍結・強制解約されたことに関する事案、②高齢者・認知症の口座名義人に代わっての預金払戻しを謝絶されたことに関する事案、などがあげられています。

　また、預金業務とは別のカテゴリーとして扱われているチャネル業務（約８％）ですが、これらはキャッシュカード・インターネットバンクなどが中心事案となっていますから、預金業務の延長線上でとらえていくとよいでしょう。

　以下のADR事案は、相続に関する預金払戻し・インターネットバンク等での不正払戻しに関連するものです。実務上での留意点を、各ケースのポイントとしてあげていますので、参照してください。

⋙ケース①　一部の相続人に無断で払い出された預金の返還請求

＜申立ての内容＞

　Ｙ銀行に預け入れられていたＸ氏の亡父の預金が、支払停止の設定となっていたにもかかわらず、Ｘ氏に無断で他の相続人により払い出された。Ｘ氏に確認なく払い出したものであり、当該預金の返還を求める。

＜銀行側の見解＞

　相続預金にかかる所定の事務手続に従って払出しに応じたものであり、手続に問題はなかったと認識している。

＜あっせん手続＞

　当事者双方の主張に隔たりが大きく、あっせん成立の見込みがないことから、あっせん手続を打ち切る。

⋙ケース①のポイント

　本件に関して、もしＸ氏の所在が明らかであり、当初から相続人の一人として、Ｙ銀行が書面などで認識できているのであれば、明らかに手続に過失があったとされるでしょう。銀行側の手続に問題がなかったと考えられる状況としては、次の数点が考えられます。

　⑴　遺言あるいは遺産分割協議書（Ｘ氏も署名）に、相続すべき者が明記されていること

⑵　X 氏の所在が不明であり、遺産分割協議等に参加することができないこと

⑶　分割協議前であるが、相続人代表者たる別の相続人からの、払戻し請求であること

⑷　預金残高が、（10 万円未満など）少額であること

　まず、⑴であれば、他の相続人に払い出す実務対応も行われているでしょう。一方、⑵から⑷については、これらの条件が組み合わされたときに初めて、特定の相続人に対する払戻しが肯定されるものと考えることが保守的といえます。

　これらの手続・要件については、金融機関ごとに内部ルールを定めていますし、そのルールの制定に際してはリーガルチェックを経ています。よって、内部ルールに則した手続を取っている限りは、違法性を問われる可能性は低いといえます。かかる見地から、ADR の場面においても本事案にみるように、一方的に否定されることはないと言えるでしょう。

》》》ケース② 不十分な確認により払い戻された預金の原状回復請求

＜申立ての内容＞

　申立人は 50 歳代。亡父名義の預金について、共同相続人の一人が B 銀行に全額の払戻し請求を行ったところ、B 銀行は十分な確認をすることなく、その払戻しに応じてしまった。その結果、預金が同行の母親名義に移転してしまい、遺産分割の対象とすることができなくなった。本件預金を、払戻し前の状態に戻すことを求める。

＜銀行側の見解＞

　十分な確認により払戻しを行わなかったことは認める。

　当該預金は自行内にあるため、原状回復は可能であるが、母親（およびその成年後見人）の協力が得られなかったためにできなかった。

　これ以上は、相続人間で解決すべき紛争と考える。

＜あっせん手続の結果＞

　A さんの申立てを「適格性あり」として受理した。

　その後、相続人間で協議をすることとなり、申立てが取り下げられた。

》》》ケース②のポイント

　本ケースは、最高裁判例の見直しとして触れた「法定相続分の払戻し」ではなく、

そもそも全額の払戻し・名義変更に関する申し出取扱いです。

相続預金の取扱いについては、法定相続人の確定と全員からの自署捺印を得ることが基本ですが、一定額未満の預金については、法定相続人一人からの申出によっても払戻しを可とする対応（少額預金対応）を取っている金融機関が大半です。

もちろんその際には、手続書面上、「事後、他の相続人から異議を申し立てられても銀行側は免責される」ことの確約文言が入っています。本ケースのような申立てに対しては、この書面を根拠に、銀行側には過失はなく、相続人間で解決すべき問題であると抗弁することになるでしょう。

ただし、銀行側が他の相続人の存在についても了知しており、かつそれらの者が代表者に任せているとはいいがたい事情があるとき（たとえば、別途、銀行に連絡があった等）には、銀行側に過失なしとは言い切れません。したがって、少額預金の取扱いについても慎重を期すことが必要です。

》》ケース③　インターネットバンキングによる不正送金に係る損害の補償請求

＜申立ての内容＞

申立人は 60 歳代。私名義の口座から、インターネットバンキングにより不正送金が行われた。自分は、パソコンのセキュリティ対策を万全にしており、過失はないと考えている。

B 銀行からは、規約に基づいた補償金額の提示を受けたが、納得のいくものではない。

＜銀行側の見解＞

当行は、インターネットバンキングの利用者に対して、認証情報をパソコン内に保存しないように注意喚起している。しかし、A さんは、パソコン内に ID とパスワードを保存していたことを認めており、A さんに過失があったことは明らかである。

当行が提示した補償金額は、A さんに過失があることに基づいたものであり、A さんの申し出には対応できない。

＜あっせん手続の結果＞

あっせん委員会では、①不正なログインがなされた経緯について、詳細な事実確認を行うことは著しく困難であること、また②損害金額に対する補償割合の認定は、個別行における経営判断であると認められること、から本申立てを「適格性なし」

として、あっせん手続を終了した。

》》ケース③のポイント

　　まず、本ケースのような申立てが、上記①および②を理由として「適格性なし」とされることに着目します。換言すれば、これに顧客が納得できなければ、さらに訴訟に発展する可能性があるということです。

　　その意味からも、インターネットバンキング利用者には、十分なセキュリティ対策をとることの注意喚起が大切になります。これには、ウェブサイトでの告知や定期的な電子メール送信などの手段があります。

　　またこれに加えて、利用顧客に対して、どのようなケースが過失ありとされるか、そして顧客に過失があった場合の補償額がいくらまでとなるのか、についてもあらかじめ明確にしておく必要があります。

》》ケース④ 紛失したキャッシュカードで払い戻された預金の返還請求

＜申立ての内容＞

　　申立人は50歳代。B銀行のキャッシュカードについて、紛失か盗難かは定かではないがなくなってしまい、そのカードにより不正に預金が払い戻された。

　　キャッシュカードの遺失届を警察に提出していたことから、B銀行に補償を求めたところ、警察からは被害届が提出されていないことから補償できないと言われた。

　　遺失届は提出していることから、損害額の支払いを求める。

＜銀行側の見解＞

　　当行は、預金者保護法（偽造カード等及び盗難カード等を用いて行われる不正な機械式預貯金払戻し等からの預貯金者の保護等に関する法律）に基づき、預金者への補償にあたっては「被害届」の提出が必須である旨を（預金約款などにより）規定していることから、補償対応はできない。

　　本件については、警察に事情を確認したが、Aさんがいつどこでキャッシュカードを盗難または紛失したのか不明であることから、被害届の受理はできないとのことであった。

＜あっせん手続の結果＞

　　本件のキャッシュカードを紛失した経緯について、詳細な事実確認をすることは著しく困難であることから、「適格性なし」としてあっせん手続を終了した。

》ケース④のポイント

　本ケースでは、「遺失届」と「被害届」によって、銀行側の補償対応が異なること、またそのことは預金規定などの定型約款によって示されていることがポイントになります。

　こうした点については、単に「約款に触れてあるから、誰しも認識しているはずだ」ということにはならず、顧客にも周知する必要があるでしょう。

　また、キャッシュカードが見当たらないという時点で、ひとまず銀行に一報して、預金口座の払出し管理をかけるという初期動作も顧客に認識してもらう必要があります。

　それが遅きに失してしまうと、本ケースのように払い出されてしまいます。

　キャッシュカードによる不正払出しについては、この他にも①親族などが不正利用した場合の過失責任、②暗証番号のメモをカードに添えて保管していた場合の過失責任などが定められています。特に高齢顧客へは、こうした点も注意喚起が欠かせません。

第4章　保険販売業務

① 保険商品の募集・勧誘における苦情対応

　保険商品についての ADR 事案も、2018 年頃から増加を続けています。生命保険協会や国民生活センターが取り扱う事案の増加数をみても、このことは言えます。

　特に、外貨建て保険に関する苦情や ADR 申立てが増えていることを金融庁が問題視し、外貨建て保険商品の募集取扱いについての資格試験制度を導入したことは、記憶に新しいところです（ちなみに、全国の消費生活センター等に寄せられた外貨建て生命保険に関する相談件数は、2018 年は 538 件であり、4 年前の 3 倍以上となっています）。

　外貨建て生命保険は、銀行など多くの募集代理店においても取り扱われていますが、契約者は 70 歳以上の高齢顧客の比率が高く、1 件あたりの契約金額も 1 千万円超となることも少なくありません。

　外貨建て生命保険の事案については、為替変動リスクへの説明と理解をめぐるものばかりではなく、手数料への認識が欠落していたもの、そもそも「老後資金であり、元本保証を望む」といった顧客ニーズが軽視されていたもの、などさまざまな要因があります。以下、その典型的な事例を概観してみます。

≫≫事例①勧誘の姿勢

> 　銀行の担当行員が自宅に訪問し「預けているだけでは増えないから」と、外貨建て保険を熱心に勧められた。「投資はやらない」と強く断ったが、行員は何回も自宅を訪れ勧誘し、最後は上司まで電話をかけてくるので、仕方なく話を聞いた。
> 　そして、押しに負けて仕方なく、契約した。上司は「預けた通貨ベースで元本保証がある」と言っていたが、その意味を元本保証ととらえた。

お客様が否定的な見解を示されても、それが渉外担当先であると、再三の勧誘継続につながることがあります。これは、特にリスク性商品については、お客様の適合性（目的）をないがしろにしていることにつながります。

　たとえ、担当者の熱心さに折れて、いったん契約をしたとしても、後日、このような苦情相談やADR申立てが発生するおそれはあるのです。お客様が契約書に署名捺印することをもって、「最終的には」とならない可能性を認識する必要があります。

≫≫事例②高齢者

> 　高齢の父親が契約者となっている外貨建て保険を確認した。父親は、物忘れや判断能力に不安があるため、勧誘した銀行に連絡して、父親の健康状態と保険に加入した認識がないことを伝えた。
>
> 　しかし、銀行は「保険商品の内容説明はしているし、契約は成立している。クーリング・オフ期間も過ぎているので、そのままの解約はできない」との返答であった。
>
> 　生命保険会社にも苦情を伝えたが、代理店である銀行と話をするように言われた。

　高齢顧客の親族からのクレームは、外貨建て保険・投資信託などのリスク商品に顕著にみられます。多くの金融機関において、一定年齢以上のお客様には親族同席を必須としたり、それがかなわない場合には、金融機関側の複数名対応などをとっています。後者は、高齢顧客が「自分の財産であるし、家族の同席・財産の開示はぜひとも避けたい」など強い要望がある場合に限定する運用が大半だと思われます。

　そのような高齢顧客は、理解力・判断能力などにまったく問題がないことが、大前提となるべきです。単に、家族が遠方にいるためやむを得ない、といった妥協をすることは避けていくことが必要でしょう。

》》》事例③クーリング・オフ

> 　高齢の母親が、銀行から勧誘されて外貨建て保険の契約をしたが、母親の不安が強いためクーリング・オフするように、私（娘）から勧め、契約から6日後に解約した。しかし、資金は米ドルとして戻ってきて、為替レートが円高になったこともあり、実質的には評価損失が発生している。
> 　銀行に苦情を伝えたが、「それならば、契約なさらなければよかった」との返答である。

　外貨建て保険の保険料を、外貨預金などからの振り替えで米ドルなどで入金した場合は、クーリング・オフによって返金される通貨も、米ドルとなります。上記の例は、これに該当するわけです。

　保険料を、円貨で入金する特約があれば、返金も円貨になりますが、お客様の契約ごとに異なってきますので、こうした点にも留意が必要です。

＊　＊　＊　＊

　以上、いくつかの事例をみてきましたが、キーワードは「保険商品という認識の欠落・お客様の意向と異なる勧誘」そして「高齢顧客・商品性への理解不足・親族からのクレーム」などがあげられます。

　金融機関での保険窓販は、すでに20年以上の歴史がありますが、依然としてお客様の中には、「預金との誤認」「金融機関の商品だから元本保証である」といった固定観念が払拭されていない実情があるでしょう。

　こうした点をふまえて、保険商品としての留意事項を効果的に説明していくことは、上述の外貨建て保険に限りません。次項目では、外貨建て保険以外の商品も取り上げて、募集勧誘における苦情と未然防止へのポイントを考えてみます。

> 「高齢の母親が契約した変額年金保険を解約したい」との申出をしたら、解約には手数料がかかるといわれた

　変額年金保険の特徴は、「変額」であること、そして「年金保険」であることです。「変額」というのは、運用成果次第で年金原資が変わってくるということです。

商品によっては、払い込んだ保険料をどのように運用するかを契約者がいくつかの選択肢の中から選ぶタイプもあります。つまり、運用状況により損失が出てしまうリスクがあるということです。そして、「年金保険」という側面からは、被保険者は年金形式で分割して受け取ること、被保険者が死亡した場合には据置期間の最中であっても保険金が支払われることが特徴です。

●苦情が発生した場合の対応●

「各種徴求書類」や「販売・勧誘記録」などをもとに、正当な勧誘・販売を行った旨を説明する必要があります。もし、解約手数料について、顧客が理解できるように説明していないようであれば、金融機関の責任が問われることになります。

◎未然防止のポイント◎

現実問題として、勧誘に不備がなくても、高齢者を相手とした契約自体に、このようなクレームがつくケースが増えています。そのようなトラブルを防止するために、高齢者に対する勧誘や契約の際には、親族に同席してもらうことが必要でしょう。高齢者との取引については、各金融機関で社内規則があるでしょうから、その規則に則った販売・勧誘が求められます。

また、保険の解約にあたって注意しなければならないのが「クーリング・オフ」です。どのような場合にクーリング・オフができなくなるのか、また一定のクーリング・オフ期間（8〜14日間が一般的）を過ぎると手数料がかかることを、あらかじめ説明しておく必要があります。いずれにしても、高齢者への勧誘にあたっては、特に丁寧な説明が求められます。

> 「だいぶドル高になったから、3年前に契約した外貨建て年金保険を解約して利益を確定させたらと提案されたので解約したが、たいした利益が出ないじゃないか」

●苦情が発生した場合の対応●

このケースでは、顧客も納得して解約に応じた旨を示さなければなりません。たしかに、その後さらにドル高が進んで、もっと利益が出たかもしれませんが、逆に、ドル安に向いていたら、損失が出ることも考えられます。それでも、顧客が納得しなければ、販売・勧誘記録や営業日報といった記録で、適正に解約にいたった旨を示さなければなりません。しかし、もし、解約の提案をしたとき、今後、ドル安になる旨の"断定的判断の提供"にあたる言動があれば、金融機関の責任が問われる

可能性があります。

◯未然防止のポイント◯

　まず、このような提案自体、好ましいとはいえません。外貨建てということで投資性のある商品ではありますが、年金保険という商品の性質上、やはり、長期保有が前提になるでしょう。

　もし、顧客が、他のドル建て商品を保有しており、そちらのほうが流動性・換金性が高く、利益の面でも、解約するメリットが大きければ、そちらの商品を解約することも考えられます。逆に、「ドル資金はこれだけ」ということであれば、より慎重に考える必要があります。

　しかし、たとえば、「だいぶドル高になりましたが、そろそろドル安に向かうといった声が多いですね」といった会話の中から、顧客がドル建て年金保険をどうしても解約したいというのであれば、最終的には、顧客の判断によるところになります。その場合は、そのやりとりを具体的に記録しておく必要があります。

　あくまでも、新聞やニュースで言われていることは予測であり、確定したものではありません。もしかしたら、有事の勃発など、予期せぬ要因が働き、さらにドル高が進むかもしれません。新聞やニュースなどの内容は、判断材料の一つに止め、最終的な判断は顧客が下すものでなくてはなりません。決して、「これからドル安になりますよ」といったように断定的な情報の提供の仕方をしてはなりません。

　また、外貨建て保険の中途解約をする場合、解約手数料とは別に、「市場価格調整率」が適用されることがあります。たとえば、外貨建て保険の運用対象である米国債券の価格変動によって、中途解約の際に、解約返戻金がプラスされたり、マイナスされたりする仕組みです（例：最大限20％の幅でプラスマイナスされる、など）。

　米国債の債券価格が下落している場合には、この市場価格調整分がマイナスに働くおそれが高くなり、結果として、期待しているほど解約返戻金は大きくならないということもあり得ます。中途解約を勧めるのであれば、その点に関する説明も忘れてはいけません。

　また、外貨建て保険を中途解約する場合、通常、期間5年以内に中途解約すると、利益に対して20.315％の分離課税になります。一時所得として保険金を受け取る場合の課税計算上のメリットを認識していても、5年以内の中途解約が20.315％の分離課税になることを認識している顧客は少ないように思われます。その点を、よく

確認しておく必要があります。

　このように年金保険は、商品自体が長期保有を目的に設計されているのです。「保険は満期で一時所得になるから、全体の課税所得が大きくなって困る」という人もいますが、いずれにしても課税の仕組みをよく説明し、きちんと理解してもらったうえで、顧客のニーズに合った対応をしていく必要があります。

> ① 「小学生の息子を契約者・被保険者として保険契約を結ぼうとしたら、息子に会わせろといわれた」
> ② 「わたしが契約者になり、大阪に住む娘を被保険者にして、保険に加入しようとしたら、娘に会わせろといわれた」

●苦情が発生した場合の対応●

　まず、①、②のいずれの場合も、「被保険者に会わない」、よって「被保険者の健康状態の確認や職業その他のヒアリングがなされない」というような「無面接募集」は禁止されている旨を説明して、理解していただく必要があります。

　そのうえで、①の場合は、顧客の了解を得られる日時を選択して伺う方法があります。それほど時間を要するものではありません。特に、小学生に保険商品の説明をするわけでもありません。きわめて短時間で済むはずです。こうした点を説明して、顧客の協力を求めていきます。

　次に②の場合は、保険会社の代理面接制度を利用する方法があります。東京から大阪へ出張することが、物理的に困難な場合など、保険会社の大阪支社の人が代行してくれる場合もあります。

> 「会社と銀行の間で、社員を被保険者とする傷害保険（合算死亡保険金は1,000万円超）加入の話があるようだが、自分は直接知らされていない」

●苦情が発生した場合の対応●

　法人を契約者、その社員を被保険者とする年払いの傷害保険契約を取り扱う場合、その社員の数だけ契約も獲得できることになるため、このような契約を取引先に提案する事例も増えてきました。

　この会社の業況が安定的であり、金融機関側からの優越的地位の濫用懸念がない

ことが、まず一つのポイントですが、加えて事案のように、他と合算で1,000万円を超える死亡保険金が出る場合は、個々の社員（＝被保険者）との面談を省略したり、保険加入意思を確認しないまま、契約を締結してはいけません。

　仮にも、事例のような苦情が発生した場合には、ただちに当該社員との面談を行って、保険の商品説明と加入意思確認をしますが、もし社員の了解が得られない場合には、その社員にかかる契約は成立しないことになります。

◯未然防止のポイント◯

　このような事態を防ぐためには、まず会社の総務・経理部門から各社員に対して、保険契約を十分に案内してもらい、加入希望者を確認する必要があります。たしかに、小規模な会社の場合、財務担当部署のみが銀行と応対し、その背後の社員は私たちから見えにくくなっています。しかし、被保険者の加入意思確認は、保険法の要請するところ（保険法38条、67条参照）でもありますから、コンプライアンスの観点を訴えて、会社の協力をあおぎます。

「入院をしたので、保険金の請求を生命保険会社にしたら、告知義務違反だといわれて、保険金が下りなかった」

●苦情が発生した場合の対応●

　顧客が主体的に告知義務違反をしていたならば、その旨を説明して理解してもらう必要があります。しかし、もし、告知の段階で顧客から、自分の状態が告知義務の内容に該当をするか質問をされ、告知義務違反にあたるのを承知のうえで「該当しない」と答えた場合には、不告知勧奨となり、禁止行為になります。また、意図的でなかったとしても、募集代理人である金融機関の責任は問われます。

◯未然防止のポイント◯

　顧客から告知義務にあたるか質問を受けた場合、仮に、告知義務の文面の内容に直接あてはまるものはなかったとしても、個々の事情や状況が告知義務の対象になるかどうかは、契約のしおり・約款の文言だけでは、判断しきれないところがあります。最終的な判断は、引受保険会社に委ねるケースも少なくありません。「どうかな？」と疑問に思ったら、まずは、引受保険会社に照会してみることが大切です。それが、募集代理人の責任にもなります。

> 「入院をしたので、保険金の請求を生命保険会社にしたら、まだ、契約上の責任を負う義務はないといわれて、保険金が下りなかった」

●苦情が発生した場合の対応●

まず、保険についての責任開始日について説明しており、顧客が理解したことが前提になりますが、それでも、顧客が知らないというのであれば、説明を行い、顧客が理解したことを、書類や記録で証明しなければなりません。もし、金融機関が責任開始日の説明をしていなかったとしたら、重要事項の不告知となり、禁止行為となります。

◎未然防止のポイント◎

引受保険会社が契約上の責任を負う義務の開始した日を「責任開始日」といい、生命保険の契約の「責任開始日」は、引受保険会社の承諾を得ることを前提に、①申込日、②告知（診査）日、③第1回保険料払込日のうち、最も遅い日となります。その点を顧客に理解できるように説明しなければなりません。ただし、生命保険の場合は、①、②、③の間がそう空くことはないと思われますが、注意が必要なのは、がん保険です。がん保険の場合は、①、②、③により契約が成立しても、90日あるいは3か月の「待ち期間（免責期間）」があり、それから「責任開始日」になります。その点の説明も、顧客に理解できるように説明しなければなりません。

いかがでしょうか？　未然防止のポイントについて、実務上の参考にしていただきたいと思います。以下では、これまでみてきた以外の論点（契約に際しての環境設定・告知義務違反）などを含めたADR事案を、ケーススタディとしてみてみます。併せて、参考にしてください。

》》事例：生命保険の解約の有効性に関する紛争

＜申立人の主張＞

仕事先の卸売市場に、毎日のように金融機関の営業担当者が来訪しており、立ち話をするようになり、その後、医療特約付き生命保険を勧められ、契約することとなった。自分の年齢が70歳以上のため、家族の立ち会いを求められ、夫に契約日の12時に市場に来るように頼んだ。

契約手続の当日、勤務時間中であるため、周囲に申し訳ない気持ちもあり、また

市場の騒々しい環境・元々右耳が聞こえにくいこともあり、照明の暗さと文字の小ささから、書類が読みにくい状況であった（ポイント①）。

契約の説明を受けて署名をするまでの間、夫は現地にはいなかった（ポイント②）。夫は後から担当者に会ったが「奥さんに話したので」と言われ、契約内容の説明も受けないまま、書類へのサインに応じたとのことであった（ポイント③）。

契約から2年後、躁うつ状態で入院し、退院後、給付金を請求したが、事前説明もないままに、保険会社から契約解除の通知が届いた。理由は、契約以前に、うつ症状で断続的に通院していたことに係る告知義務違反とのことである（ポイント④）。

上記のとおり、契約時の市場内は騒々しく、落ち着いた環境ではなかったため、当該通院歴について思い出すことができなかった（ポイント⑤）。また、契約時に担当者から、告知の重要性についての説明もなかった。

かかる状況から、契約解除を無効とし、給付金を支払ってほしい。

＜被申立人＝金融機関の主張＞

うつ症状での通院は、契約時まで時間的にも近接し、その通院の頻度・期間を考慮すると（ポイント⑥）不告知について重過失があったと評価できる。そのため、保険法および約款に基づき、本件契約を解除する旨、通知した。

さらに、告知書について、申立人は高血圧での通院歴があるとのことだったが、うつ症状での通院歴についての話しは一切なかった（ポイント⑦）。

また、契約手続を行った市場の営業時間からして、11時30分以降は客足も途絶えて、騒がしいという状況にはない。市場内の照明も、販売陳列用の商品を照らす必要もあって十分な照明がある（ポイント⑧）。また、この場所を契約締結場所としたのは、申立人の希望によるものである（ポイント⑨）。申立人から、喧噪で聞こえづらい・照明が暗く文字が見えづらいといった話もなかった（ポイント⑩）。

この契約については、4日前に設計書を基にした説明・3日前に意向確認をしており、自主的な高齢者ルールとの関係でも、何ら問題はない（ポイント⑪）。

なお契約当日も、申立人の夫にも、設計書を広げ、保険内容の説明をしたうえで、同席確認書にサインをしてもらっている。

＜和解成立＞

被申立人が、申立人に支払われた保険料の2/3相当の金額を、解決金として返金することで双方が合意した。

＜紛争解決委員の見解＞

　申立人に対しては、書面に署名したことは重く、契約時の説明が不十分であったとしても、それによって契約解除が直ちに無効になるものではない（ポイント⑫）。また、契約当日の市場の混雑具合いなどの状況・市場の営業時間が客観的にわかる資料があるかどうか、確認する必要がある（ポイント⑬）。

　一方、金融機関の側は、説明など勧誘の適切さを評価する必要があるため、契約時の状況等について、契約当時の担当者に再度確認する必要がある（ポイント⑭）。

＜第2回期日において＞

　申立人には、告知義務違反があったとはいえ、通院歴を隠す意図はなかったと考えられる。また契約締結の場所を市場としたことについても、申立人が保険契約を締結するのが初めてであったことに加え、高齢者であることや右耳が聞こえにくいといった属性であることを考慮すると、場所が妥当といえるか問題がある（ポイント⑮）。

　この点をふまえると、金融機関が契約に際して、十分な説明を尽くしたかについても疑問が残る（ポイント⑯）。

　この事案は、まず告知義務違反による契約解除（⇒保険給付金の支払いもなくなる）が成立するかどうか？　が争点とされています。そしてその背景として、契約の場が、騒々しい・照明が暗いなど不適切であったことも理由とされるか？　について、双方で争われています。

　申立人は、ポイント①⑤のように主張する一方、金融機関側ではポイント⑧⑨⑩のように反論しています。この点について、ADRの場面では、ポイント⑬⑭のように、双方が資料を添えて主張を補強することが求められます。換言すれば、単に主張すればよいとはならないわけです。

　また、契約前のうつ症状による通院履歴の不告知についても、紛争解決委員は「通院歴を隠す意図はなかった」と評価し、申立人の高齢者としての属性も勘案しています。これは、ADR全般にも通じることとして、留意しておくとよいでしょう。

第5章▶ 融資業務

 融資業務に関する苦情対応

》》苦情の原因

　営業店での融資をめぐる苦情やトラブルを未然に防ぐためには、顧客が銀行に何を求め、何を期待しているのかを知る必要があります。苦情には、さまざまなケースがありますが、融資業務の場合、融資担当者の知識不足や勉強不足からくる説明不足に起因していることが少なくありません。

　苦情・トラブルを招く融資担当者の対応としては、次のようなことが考えられます。

＜申込みの受付とその曖昧な回答（返事）や回答の失念＞

　よくあるケースですが、融資の申込みや相談などの案件についての判断に躊躇した結果、その可否の回答を長引かせたり、曖昧な返答をしたため、そのときの状況からみて顧客が融資を受理されたと思い込む、というような誤解を招いてしまった、というケースです。

＜融資内容の説明を怠ったための苦情・トラブル＞

　融資における苦情・トラブルは、どのようなケースの場合も、説明不足や、説明を怠ったために生じたものが多く、結果として、顧客にしてみると、「そんな話は聞いていない」「そんなはずではなかった」ということが多いように思われます。よくあるケースに、「追加で担保が必要となる」旨の説明をしていなかったり、失念したような場合です。

　取引先から担保として取得していた土地（更地）に、知らないうちに建物が建設

されていたような場合、もしくは建物が建設されたときには、保全上、銀行は、その建物に対して追加で担保を徴求する旨をあらかじめ取引先に説明し、了解・納得を求めますが、そのような説明をしていなかった、あるいは失念していたような場合、取引先から「建物を担保提供するような話は聞いていない」などのクレームを受けます。

　通常、不動産を担保とする場合、土地とその上に建設されている建物双方を担保として取得するのが基本ですが、事情によって、土地（更地）のみを担保として取得するような場合は、融資実行時に必ず、将来の建設を予測して、建物が建った場合には追加担保として徴求する旨の了解を事前に得ることが鉄則です。

　また、第三者が担保提供者の場合や保証人の意思確認は、上司の同席のうえ面前で確認することが望ましいでしょう。

　特に、融資を実行するにあたって、取引先から具体的な話、たとえば、融資金額などの貸出条件や担保設定に関する契約、あるいは保証契約はどうなのか、などについて説明を求められたときに、相手に応じて理解と納得を得られるようなわかりやすい説明がされていなければなりません。これは大切なことなのです。

　こうした説明責任を適切に果たすために、融資担当者自らが必要書類等の内容を十分理解しておくことが必要となります。担当者の説明不足による顧客への誤解・行き違い等により、新たな融資案件である実行予定日や融資額の変更、金利引上げの交渉、あるいは担保・保証をめぐる追加担保等の条件変更などについて苦情等を招くことのないよう、十分に注意すべきです。

＜徴求書類の不備と徴求もれ＞

　よくあるケースは、契約書を訂正しなければならない場合、あるいはすでに徴求した書類に訂正が生じたような場合、訂正印が必要となってしまったが、訂正印を徴求するのに時間を要するため、顧客に迷惑をかけ怒らせてしまった、というようなケースです。

　契約書の取り交わしは、融資を実行する場合の基本です。この契約書に基づいて融資を実行するのですから、担当者は、契約時または事前に、契約書の内容について十分な点検・確認が必要です。万一の場合、契約書を作り直すような事態が生じないとも限りません。顧客の署名・捺印は、契約内容について一つひとつ確認してもらいながら、面前で関係者全員同席のもとで行うことが重要です。

　その他、必要書類の徴求を失念してしまい、何度も顧客に足を運ばせ、迷惑をか

けてしまうようなケースもあります。特に、企業の営業状況を知る場合の毎月の試算表、資金繰り表などの徴求書類は融資の検討には欠かせない書類ですから、事前に確認をしておきましょう。

＜案件事項の放置と失念＞

このようなミスは、融資事務に限らず、よくあるケースです。

案件事項を上司に相談せず、書類を抱え込んだり、机の引き出し等に入れたまま放置してしまった、あるいは、顧客から口頭による融資案件の打診や相談事を上司に伝えていなかったというケースですが、その原因には、上司との関係が日頃からうまくいかず、ギクシャクしていたり、遠慮があったりして、つい相談しそびれてしまうというようなことが多いようです。やはり、日頃から上司、あるいは同僚とのコミュニケーションが大切であることが感じられます。

》》苦情・トラブルの再発防止に向けて

一方、金融を取り巻く環境の変化、たとえば、融資業務とは直接関係ないかもしれませんが、金融・資本市場の大きな変化によって、銀行・証券・保険の垣根がとり払われ、銀行の商品も多様化し、従来の家計金融資産が預貯金から投資へと移るなど、消費者の選択の幅がひろがりました。

こうした中で、銀行の金融商品の販売強化から、取引先にデリバティブ取引（金融派生商品）を結果的には強要した形になることも考えられます。取引先としては融資を受けている立場から、今後の取引を考えると断ることもできず、やむを得ず購入した結果、商品の元本割れが発生して取引先の損失になり、場合によっては、損害賠償責任にまで発展するケースもあります。

金融商品取引法に基づく取扱いは厳しく、顧客の知識や判断力、資産状況に合った説明や勧誘方法なども義務づけられています。苦情・トラブルを完全になくすことは難しい面もあると思われますが、大切なのは、発生した苦情・トラブルに対しては謙虚な気持ちで対応し、これらを含めて過去の事例を教訓として、再発防止に努めることではないかと思われます。

> 「融資の可否の連絡が遅い。なるべく早く連絡してほしい」

金融機関が融資を行う場合、顧客からの申込みを受け付けると、融資金額や期間、

担保、貸出金利などをふまえて、一定の審査を行ったうえでその融資の可否を決定し、顧客に回答することになります。

　もちろん、渉外係などを通じて、金融機関から提案して融資を行う場合もありますが、その場合も受付後の手順は同様です。

　それぞれの金融機関によって違いはありますが、支店長権限内、本部担当部長または担当常務の権限内とか、役員会決議による決裁など、融資額に応じて決済の権限が規定されています。

　たとえば、支店長権限を超える融資の場合には、その可否についての審査期間が通常よりやや長くかかることになります。さらに、融資の大口案件ともなると、回答までに1か月以上を要する場合もあります。

　しかし、これはあくまでも金融機関側の事情によるものです。顧客としては「融資の可否を速やかに連絡してほしい」という要望があることを理解しておく必要があります。なぜなら、資金繰りは企業の生命線ともいえ、資金の必要性があるのに申し込んだ金融機関から融資してもらえないのであれば、別の手段（たとえば他の金融機関からの借入れ）を早急に講じなければならないからです。

　中小企業に対する融資の場合には、その多くの案件が支店長権限内でしょうから、できるだけ速やかに審査し、その諾否を連絡することが望まれます。

　顧客から融資申込みがありながら判断に躊躇した結果その可否の回答を延ばし、顧客には曖昧な返答しかせず、そのときの状況から見て顧客は、融資が受理されたと思い込む、というような誤解を招いてしまうケースがあります。そして、融資予定日が近づき、土壇場でその融資が不可となり、トラブルとなってしまう、といったことが実際にあるのです。顧客は1日でも早い融資の可否の回答を待っているはずです。したがって、申込みを受けてから遅くとも1週間以内には回答すべきです。

　それと、役席者と担当者との日頃のコミュニケーションがとれていないため、担当者に遠慮が生じて、案件をなかなか切り出せないでいるケースも見受けられます。役席者は、担当者に積極的に話しかけ、仕事に対しての悩みや案件事項等を引き出す努力も必要です。

　従来のように「貸してあげる」という時代ではなく、いまや「借りていただく」時代であることをあらためて認識し、たとえば審査期間をできる限り短縮するなどして、顧客の要望に応えるということも重要なことなのです。

　とはいっても、その審査自体に手抜きがあったり、査定が甘くなったりするよう

では困ります。そのようなことのないよう、融資担当者の十分な心がまえと配慮が必要です。

「金利の引下げは適時適切にしてほしい」

よく耳にすることですが、「A行は、基準金利が下がったときには、2週間以内に借入金利を少しでも引き下げてくれる。しかし、B行は1か月経過後でも対応してくれない。いつも他行が実行し終わってから、やっと引き下げてくるような銀行が、逆に金利を高くするときはすぐに実施する。B行は近くて便利だから利用してはいるものの、取引を考え直さなければならない」などという声があります。

もちろん、銀行にとって融資の金利は利益の源泉であり、その上げ下げは銀行の業績に直接的に影響を及ぼすことです。だからこそ、銀行は慎重な対応をするのですが、ひとたび対応を誤ると、取引解消にもつながってしまいます。ですから、その運営にあたっては十分に配慮したいものです。

「当社には、担当者がめったに出向いてくれず、資金繰りの相談にものってくれない」

2016年に各金融機関が、事業性融資取引を活性化するために「金融仲介機能のベンチマーク」を策定・公表しました。以来、担保余力や保証能力だけに依存しない、取引先の事業価値や潜在的成長性などに着目した融資取組みが活発化しているのが、現在の一般的な状況です。

しかし一方で、2017年11月に公表された「平成28事務年度金融行政方針」においてふれられているように、約9千社への企業アンケート調査の結果として次の点が示されています。

①総じて、債務者区分が下位（要注意先以下）のメイン先への訪問頻度が少ない

②担保・保証がないと融資に応じてくれないとの回答が全体でも4割にのぼる（正常先上位でも2割以上）

③過去1年以内に資金繰りに窮しても、メイン行から支援を受けられなかったとの回答が全体の3割に達する

このように、取引先の不満は決して少なくないのです。

　設例のような苦情に対しては、まず事実として、どの程度の訪問頻度であるか？またどのようなやりとりを行っているか？　を訪問記録などにより検証します。

　もし仮に、取引先が指摘するように乏しい訪問履歴しかないのであれば、次にそれは、内部的に確立した取引方針に基づくものか？　それとも今後改善していくべきものか？　を組織内部的に意思統一します。そのうえで、取引先に対しての説明を行います。

　なお、銀行としての取引方針に係る事柄は、ADRの事案としてあっせん委員会に取り上げられることは稀です。また、実損が生じていないケースにおいて、円滑な対応に資するから……といたずらに謝罪をすることも、好ましいとはいえません。改善すべき点とそうではない点を区別して、取引先ごとに向かい合うことが必要です。

 ## ② 個人ローンに関する苦情対応

　銀行・信用金庫等の金融機関が取り扱う個人ローンの代表的なものとしては、多目的ローン（フリーローン）、カードローンがあります。いずれのローンも通常、信用保証会社や信販会社などの保証会社の保証承諾を得て、実行されることになります。

　まず、この個人ローンについて、次のような苦情が発生することがあります。

> 「なぜ、多目的ローンは借りられたのに、カードローンは借りられないのか」

　ローンの実行にあたっては、審査や保証会社の承諾ステップを踏みます。その点では、多目的ローン（フリーローン）もカードローンも変わりません。しかし、カードローンの大きな特徴として、インターネットや電話による申込みが可能であったり、「半日審査」などといったように、審査・融資のスピードや手軽で利用しやすいイメージがある反面、審査は効率化され、膨大な標本データに基づく審査と信用照会があり、システム上のチェックが厳しくなるため、このようなケースがあることをよく説明し理解を求めます。

　申込みのあった際に、前述のようなカードローンの審査の仕組みを説明すると同時に、顧客に「絶対に借りられる」といったようなイメージを持たせないことが大

切です。

　また、個人ローンの仕組みに係る点として、次のような事態も考えられます。

「なぜ、保証会社から督促がきたのか」

　顧客にとっての債権者は金融機関です。返済が滞りなくなされているのであれば、保証人の立場である保証会社から返済督促がなされるものではありません。しかし、返済を延滞し、保証会社が銀行・信用金庫等に対して代位弁済をした場合、求償債権の行使をすることがあります。つまり、顧客の返済が滞り、保証会社が返済した場合、保証会社から督促されることがあるのです。

　申込時点でそのような説明がなされていたかどうか、検証する必要があるでしょう。

　ところで、個人ローンに関わるクレジット会社における ADR 事案を取り扱う組織として「貸金業相談・紛争解決センター」があります。これは、日本貸金業協会によって運営されるものです。ここであっせん手続が行われた ADR 事案の中で、発生頻度の高いものを概観してみましょう。

》》過払い金の請求

　A さんは、過去に取引のあった貸金業者 B に対して、利息制限法によって見直した計算後の、過払い金の返還請求を行いました。

　当初、貸金業者との交渉が折り合わず、当事者間での解決が困難となり、上記センターに、あっせんを申し立てました。結果、和解案が提示されて、双方納得のいく返還金額となりました。

》》カードの盗難

　A さんは、車上荒らしに遭い、カードを盗難され、その直後に不正利用されたため、複数のカード会社から請求を受けることとなりました。

　大半のカード会社は、盗難に関する保険金を A さんに支払いましたが、B 社だけは A さんに過失ありとして、不正利用の全額を請求されたままです。

　そこで、A さんは協会に苦情を申し立てて、B 社との和解を希望しました。結果、

　請求額の 1/2 を負担することで、双方の和解が成立しました。

 住宅ローンに関する苦情対応

　銀行・信用金庫等が取り扱う住宅ローンでは、新築物件の購入資金の他、リフォーム案件も対象となります。さらには、一般居住用住宅だけではなく、賃貸アパートなども資金使途物件として扱われます。

　これら広義の住宅ローンに関する ADR 事案も少なくありません。独立行政法人国民生活センターに寄せられた住宅ローン関連の相談件数は、これまで過去 10 年間、毎年、相当数に及んでいます。

　特に金利の低下局面では顕著でした。つまり、既存のローンを繰上げ償還して、もっと安い金利のローンに借り換えようとする動きが活発となりました。しかし、それに伴う繰上げ償還手数料の有無について「聞いていなかった」との苦情が多く発生したのです。

　また、借換えする銀行との間でも、融資実行額・付随して負担する手数料などについて銀行側と顧客の認識のズレによる苦情が発生するケースも少なくありません。ともすると、借換え後の表面利率だけに関心が行きがちですが、事後になって「そのような負担があるとは思わなかった、説明を受けていなかった」との苦情が生じてしまいます。

　上述の国民生活センターに寄せられた相談事例の中で、いくつか典型的なものをあげてみましょう。

　「住宅ローンを借り換えると、返済額が 300 万円軽減できると勧められて申し込んだが、実際には 150 万円程度しか軽減できないとわかり納得できない」

　「住宅ローンの借換えをしたら、火災保険料が高くなってしまった。団体信用生命保険も付いていない」

　「返済額が 100 万円ほど安くなると勧誘されて、B 銀行で借換えの契約をした。しかし、元の A 銀行での処理が遅れて、1 か月分の支払金利が重複してしまった」

　いずれも、借換えに伴う苦情事案です。私たちからの説明に際しては、金利以外の要素にも十分に顧客の意識が行き届くように留意していくことが大切です。

では、いくつかのあっせん事例を取り上げてみましょう。

》》ケース① 説明不十分で支払わされたアパートローンに係る期限前弁済清算金の返還請求

＜申立ての内容＞

申立人は50歳代。B銀行との間で締結していたアパートローン契約について、期限前弁済を行った際に支払った清算金の返還を求める。

本ローン契約の締結時、当時の担当者からは、期限前弁済を行う際に発生する清算金にかかる書面を受領していないし、詳細な説明も受けていない。

＜銀行側の見解＞

当行担当者は、上記について、所定の書面を用いて十分な説明を行っており、またAさんからは当該書面に署名押印を受けている。また、説明内容についても問題はなかったものと判断している。

＜あっせん手続の結果＞

紛争の争点である、清算金の説明内容や書面の交付の有無について、当事者間に主張の隔たりが大きく、和解が成立する見込みがないことから、あっせん手続を打ち切る。

》》ケース①のポイント

いわゆる繰上げ返済手数料の存在について、「説明している、していなかった」との主張の相違が表面化する典型的な事案です。

本ケースでは、たしかにAさんが署名押印した書類が残っており、この点では銀行側にとって好ましい状況ではあります。しかし、この書類を徴しているのは、ローン実行当時のことですから、十数年前ということもあり得ます。よって、実際に期限前償還の話が出た段階で、まずこうしたコストについて再認識を促すことが必要です。それが、ある程度手続が進んでからになればなるほど、苦情に展開するおそれも高くなってくるでしょう。

本ケースでは、あっせん手続打切りとなっていますが、同様の他の事案では、「銀行としても、顧客の理解度の確認に、より配慮する余地があった」として、一定の解決金を支払うあっせん案が提示されているものもあります。つまり、署名押印した書類があるからといっても、銀行側に非はなし、とはいえない点に留意が必

要です。

》》ケース② 説明不十分により、予定通りの借換えができなかった住宅ローンに係る利息増加分の支払い要求

＜申立ての内容＞

　申立人は40歳代。リフォームローンと既存住宅ローンの借換えをB銀行に申し込んだ。

　B銀行がローン審査を承認したことから、先に手許の資金を、リフォーム業者に代金として払い込んだ。

　しかしB銀行は、「リフォーム会社への資金支払いは、B銀行口座から振り込む形式をとらないと本件ローンの貸出はできない」として、上記・払込み資金を差し引いた額の融資しか受けられなかった。

　（さらに、この減額が不当であると交渉しているうちに、金利が上昇したことで利息も増加してしまった）

＜銀行側の見解＞

　本件のような目的別ローン（リフォームローン）は、目的外利用を防ぐために、金融機関が支払い先の口座に直接入金することが一般的であり、当行において事前の説明を行うまでもない。法的な責任を負うほどの説明不足であるとは、考えていない。

＜あっせん手続の結果＞

　B銀行に対して、本件ローンの条件の提示がないこと、Aさんに対する契約条件に係る説明が不十分であったこと、を指摘した。

　そのうえで、B銀行がAさんに解決金を支払うあっせん案を提示した。

》》ケース②のポイント

　本ケースの争点は、リフォームローンの資金使途確認です。Aさんの主張としては、いったん業者に支払ったうえで後から銀行から同額の融資を受けたとしても、資金の順番が逆になるだけで不都合はないだろう、ということです。これに対して銀行としては、融資実行金を直接業者宛てに振り込むことが必須であり対応できない、とします。

　結局、あっせん手続においては、銀行側がこのような条件をBさんに対して、

　書面あるいは面談において十分に説明し了知させていなかったことを問題として、指摘しています。

　これに限らず、銀行側では当然のフローと考えることが、顧客にとっては認識されないことは少なくないでしょう。それが争いとなると、本ケースのように事前説明があったかどうかが判断基準とされることには留意しておきたいところです。

 融資関連のあっせん事例

　融資業務に関連するADR事案も、多くの件数があがっています。ここでは、最近の事例を取り上げて、そのポイントを確認してみます。

》》ケース①　融資金のうち、拘束されていた部分についての利息支払いに関する返還請求

＜申立ての内容＞

　X社は、Y銀行から保証協会付で融資を受けた。この融資金については、後日、動産担保を設定することが利用条件とされたことから、当該融資金の一部を拘束されて、利用することができなかった。

　その後、期限の利益を喪失し、保証協会の代位弁済の処置がなされたが、融資金の拘束部分についても利息を支払わされた。

＜銀行側の見解＞

　動産担保を設定するまで一部の融資金を拘束することについては、X社と合意ができていた。その後、動産担保が設定されなかったこと等から、融資の期限の利益を喪失させ、代位弁済を受けたものであるが、対応に問題はなかったと判断している。

＜あっせん手続＞

　Y銀行が、本件融資のうち預金として拘束していた部分の利息も徴収していたことについて、実務上の配慮の余地があった可能性を指摘した。

　そのうえで、X社に対して、拘束していた部分に対して徴した利息を返還する、というあっせん案を提示した。

》》ケース①のポイント

　融資金の拘束については、「既存融資金の弁済に充てさせること、あるいは融資金の利用を不当に拘束すること」が、一般的に禁止されています。しかし、本事案のように、担保設定の完了に合わせて、段階的に実行することについては、当該動産が資金使途であり、持込み担保である等、条件の一種として理解もできます。X社・Y銀行の双方で合意しているのであれば、この点は争いにならないでしょう。

　しかし、極度額と融資額との差額（未実行分）、あるいは別段預金等に留め置いている資金について、貸付利息を徴しているのであれば、本事案のように、問題なしとはされません。特に後者については、以前は、歩積・両建預金の自粛という慣行がありました（貸出実行金で預金を設定させ、預金の付利をする代わりに、貸出利息を徴するものです。利息の差額が、取引先にとっては確実に逆ザヤになります）。

　現在は、歩積・両建預金に関する規制は敷かれていません（注）が、あっせん委員会の言う「実務上の配慮の余地」とは、このあたりを示唆しているものとも考えられます。資料からは、期限の利益の喪失に至る経緯が明確ではありませんが、いずれにせよ、拘束資金部分への貸付利息の徴収に関しては、否定的な見解が認められます。

　（注）過度な協力預金、過当な歩積・両建預金等は、独占禁止法の禁じる「優越的地位の濫用」にあたると解されており、中小・地域金融機関向けの総合的な監督指針でも、「不適切な取引」とされています。

》》ケース②　当座貸越の一括返済請求に伴い発生した損失への負担要求

＜申立ての内容＞

　X氏はY銀行から、当座貸越による融資金を原資として、外貨預金を設定することを勧誘され、これを実行した。しかしその後、Y銀行から一方的に、当座貸越契約の取引期限を更新することはできないので、残債務を一括返済するように請求された。外貨預金を直ちに円転して一括返済したが、これにより為替差損が生じてしまった。

　なお、担当者からは、当座貸越の契約期限が更新されない場合があることについての説明は受けていない。

＜銀行側の見解＞

　本取引（当座貸越契約と外貨預金）は、X氏が関心を示したため、実行されたものである。担当者は、契約書に基づき、当座貸越契約の取引期限を含む契約内容について説明を行っており、問題はなかったものと判断している。

＜あっせん手続＞

　Y銀行が当座貸越契約の取引期限を更新しなかったのは、Y銀行の事情によるところが大きく、いくらかの配慮を行うべきであったことを指摘した。

　そのうえで、X氏が円転をすることにより発生する損失の一部をY銀行が負担し、X氏は当座貸越に係る融資金を一括返済するという、あっせん案を提示した。

》》》ケース②のポイント

　本事案のような、いわゆるバックファイナンス付の資産運用商品販売については、保険では明確に禁止されているほか、投資信託でも否定される傾向が強いといえます。これに比して、外貨預金については、明確な禁止法令がないため、事案のような取引も発生します。

　直接の争点となった、当座貸越契約の解約については、たしかに、銀行取引約定書あるいは当座貸越契約書にも、債務者（利用者）において更新が約されるものではないこと、さらに言えば、期限の利益喪失事由に該当すれば、直ちに返済すべきものであることが明記されています。したがって、銀行側の事情によって契約を更新しなかったからといって、違法であるとはいえないでしょう。

　ただし、外貨預金の期限と、当座貸越契約の期限が不一致であれば、それは取引をスタートさせる段階で、おのずと期限のミスマッチをどうするのか？　との話になるわけですし、また顧客において質問がなかったとしても、銀行側で説明しておくべきだったと思われます。あっせん委員会で「いくらかの配慮を行うべきであった」とするのは、このあたりを意味しているものと解されます。

》》》ケース③ 不適切な対応で売却できなかった不動産に係る損害賠償請求

＜申立ての内容＞

　申立人は70歳代。B銀行の担保に入っていた所有ビルを売却しようと計画していたが、B銀行が賃借人Cさんにその計画を故意に漏洩してしまった。そして、Cさんがビル売却を妨害するようになり、売却できなくなってしまった。

その後、融資返済が困難になり、最終的には B 銀行の抵当権実行によりビルが競売されるに至った。

＜銀行側の見解＞

当行が、C さんにビル売却計画を漏洩した事実はない。

本件は、C さんの自己責任に帰するものである。

＜あっせん手続の結果＞

情報漏洩や売却協力合意を裏付ける証拠書類は提出されておらず、事情聴取等によってもこれら事実の確認をすることは困難であること、などから「適格性なし」としてあっせん手続を終了した。

》》ケース③のポイント

本ケースについては、証拠書類が不十分であり、あっせん手続を行うことが困難として、ADR としての手続は終了しています。しかし、これは必ずしも両当事者の平和的な紛争解決を意味するものではなく、C さんによる訴訟提起も想定されます。

金融機関として、顧客の担保物件売却意向には、かなりの初期段階から接することになります。この情報は、担当営業店のみならず、本部も含めて共有されることも少なくありませんが、その際にすでに不動産業者を介しているのか、それとも社長の頭の中にとどまっている段階なのか、よく確認しておくことが大切です。

また、このような取引先の情報については、守秘義務の度合いを A ランク・B ランクのように定めて、組織全体として管理していくことも必要です。不動産に限らず、店舗や在庫など、取引先の換価処分意向を入手することは少なくありません。ADR や訴訟の場においては、どういった情報管理体制をとっているかが問われてくるのです。

》》ケース④ 説明不十分で締結させられた金銭消費貸借契約に係る、期限前弁済手数料の返還請求

＜申立ての内容＞

申立人は融資先法人。当社は購入した収益物件（賃貸ビル）の内装等を変更することとなったが、担保物件である本件物件を、当初の事業計画と異なる用途（洋服ブティック⇒カフェレストランへの変更）で使用したことを理由に、B 銀行から借

入金の一括返済を求められた。

　当社は、担保設定されている物件の用途変更が期限の利益喪失事由に該当するとの説明も受けていないし、多額の期限前弁済手数料がかかるとの説明も受けていない。

＜銀行側の見解＞

　建物を事業計画内容と異なる用途で使用することについては、当行から見直しを依頼したものの「それは困難である」との回答であったことから、期限前弁済を要求したものである。

　また期限前弁済手数料については、書面を用いて説明を行い、かつ当該書面に記名押印を受けている。

＜あっせん手続の結果＞

　本件紛争について、当事者双方の主張に隔たりが大きく、和解が成立する見込みがないことから、あっせん手続を打ち切った。

》》ケース④のポイント

　事業性評価融資が拡がっていくなかで、本ケースのように、当初稟議の段階から取引先の事業内容を双方で詳細に確認し、その前提で与信を進める事案も増えています。問題は、事業内容の変更を余儀なくされる状況において、銀行・取引先の双方で、どのような条件の下で与信継続とするかを話し合っておくことです。そして、これが書面化されていない場合、本ケースのように債権回収をめぐっての争いが生じる可能性もあるのです。

　未然防止策としては、必要な条件を書面化して、双方で共有することが一番です。これがあいまいになるほど、訴訟リスクが高くなるといえます。

　なお、上記に紹介した事例の他に、「連帯保証契約の解除」を論点にしたものがあります。その概要は、次のとおりです。

【申立人の属性】　50歳代の個人

【申し出内容】（一部抜粋）

　私はすでにC社の代表取締役を退任しており、C社の債務について責任を負う立場になく、また、連帯保証するだけの資力もない。よって、B銀行との間の連帯保証契約の解除を求める。

【相手方銀行の見解】（一部抜粋）

　当行は、Aさんを連帯保証から外し、新たな連帯保証契約を結ぶためには、債務者であるC社と、同社の新代表取締役の了解を得ることが、前提になると考えている。

　その了解が得られていない現状では、連帯保証契約の解除には応じられない。

【あっせん手続の結果】（一部抜粋）：申立不受理

　このような要求に対する判断は、専らB銀行の経営方針または融資態度にかかる事項であり、事柄の性質上、紛争解決手続の利用が適当ではないと認められる。

　2014年1月に、「経営者保証に関するガイドライン」が中小企業庁によって示され、これを受けて各金融機関では、既存の経営者保証を解除する基準などのルール化を進めました。

　そこでは、現経営者についても、法人と個人の資金分離が徹底していること、法人の業況に懸念がないことなど、一定の要件を満たすことによって保証人解除を認めることとなっています。また、本事例のように、退任した経営者に関しても、追及すべき経営責任がないことなどの要件によって、保証人を解除できます。

　本事例は、金融機関が「保証を解除しない」と決定しているわけではなく、その手続プロセスとして、法人および新代表者との協議を求めているものですから、申立人に対して不当な扱いを与えているとはいえないでしょう。その後の議論の中で、金融機関が自ら定めている上記・経営者保証に関するルールに照らして、乖離した判断を下したこととなって初めて、その適否が検討されるものと考えられます。

　また、あっせん手続の結果としては、「専ら、銀行の経営方針・融資判断に係る事項」は紛争解決手続の射程外、としています。ホームページその他で、対外的に

公表している方針から外れる取扱いであれば、ADR の俎上となることもあり得ますが、個別の融資判断に関する結果は、検討対象から外れるものも多いと言えるでしょう。

付録 判例で学ぶ苦情対応
（金融商品取引法に関連する判例）

---

1. 高齢者への適合性確認と説明義務

　この事例は、高齢の預金者（79歳女性）への投資信託の勧誘・販売行為について、適合性原則違反と説明義務違反による損害賠償請求が認められたものです。

　平成19年の金融商品取引法施行以降、この論点による判例は少なくありませんが、事例は、①相応な年収・財産がある高齢者についての投資適合性をどのように考えるべきか、という論点と、②日経平均株価の水準によって元本割れすることについて一応の説明をしていても、説明義務違反とされる論拠がどのような点にあるか、という2つの論点をカバーしている点で、一歩進んだ検討ができる材料であると考えます。また併せて、判旨の中では、銀行の内部ルールの遵守方法についても言及しており、コンプライアンスの観点からも有益な判例といえましょう。

　（該当条文） 金融商品取引法40条1項、民法709条・715条

【判旨の抜粋】（平成22.8.26 大阪地裁判決　金法1907号101頁）

（1）投資適合性の確認について

　……夫から相続した株式を売却するほかには株式の取引経験はなく、また平成17年9月に○○銀行において投資信託を購入したほかには、投資信託を購入した経験はなく、本件各売買契約（注：5百万円×4回の購入をしている）時には、投資信託を購入したことを忘れていた。また原告は、証券取引についての知識もほとんど持っておらず、本件各投資信託の償還条件を決する日経平均株価の理解についても、テレビのニュースで聞いたことがある、という程度のものでしかなかった。

　……本件投資信託の勧誘のきっかけとなった原告の発言は、定期預金の金利が低いが仕方がない、などといった程度の一般的なものにすぎないから、原告が定期預金の満期後の運用を積極的に考えていたとは認められない。また、原告にこれまで投資経験がほとんどないこと、原告の資産の大半が預金であり、本件各投資信託の原資も定期預金・普通預金および個人年金保険という安定した資産であったこと、原告がまず元本保証の有無について質問したことなどからすれば、原告は元本を重視する慎重な投資意向であったと認められる。そして実際に、原告は、本件各投資信託が元本を保証する見込みであると考えたからこそ、購入を決めたというべきである。

　……以上によれば、訴外（注：勧誘を行った銀行員のこと。被告は銀行自体であるため）は、投資経験および知識がほとんどなく、慎重な投資意向を有する79歳という高齢で一人暮らしの原告に対し、相当のリスクがあり、理解が困難な本件各投資信託の購入を勧誘し、定期預金・普通預金や個人年金という安定した資産を、同種のリスク内容の投資信託に集中して投資させたものであり、原告の意向と実情に反し、過大な危険を伴う取引を勧誘したものであるうえ、訴外が被告の内部基準を形骸化するような運用をして、本件各売買契約を成立させたものであるから、適合性の原則から著しく逸脱した投資信託の勧誘といえる。

(2) 説明義務履行の程度について

……訴外は、本件各投資信託が預金ではなく投資信託であることや、販売用資料のグラフを示しながら、ワンタッチ水準についての説明をし、販売用資料・説明書・目論見書を交付していることから、本件各投資信託について一応の説明はしたものと認められる。

しかし……本件各投資信託は、その内容を理解することは容易ではなく、将来の株価の予測というおよそ困難な判断が要求され、また元本割れのリスクも相当程度存在するにもかかわらず、条件付きの元本保証、という商品の特性により元本の安全性が印象づけられることから、当該条件については特に慎重に説明する必要があったというべきである。

しかるに、訴外は、本件各投資信託の投資対象や運用益についての知識は持ち合わせておらず、被告においてもその研修もされていないというのであるから、そもそも販売を勧誘する側に知識不足があったというべきであり、そのような者が一般顧客に商品の内容やリスクを十分に説明できるかどうか、疑わしい。

……そして、訴外の説明を受けた原告は、本件各投資信託について、特段の不安も述べず、いずれもその場で直ちに購入を決めているのであり、これらの経緯に照らせば、原告は本件各投資信託の内容を具体的に理解できず、またそのリスクを現実味を帯びたものとして理解できていなかったものと認められる。

……また訴外は、原告が元本保証を重視していることを知っているにもかかわらず、過去の株価の変動状況や、今後の株価予測の参考となる情報を提供しないで、ワンタッチ水準となる価格を示したのみであった。したがって、訴外は、本件各投資信託の危険性を具体的に理解することができる程度の説明をしたとは認められない。そして、訴外が原告に対する説明の中で、日経平均株価の説明のためにあえて「日本のいい会社の株式の平均の株価」や「新聞やテレビのニュースで言っているやつ」などといった表現を用いたことに照らせば、訴外は、原告が取引経験がなく知識も乏しいということを認識していたというべきであって、販売用資料に沿った一応の説明では、原告が本件各投資信託の危険性を具体的に理解することができないことを、容易に認識できたといえる。

(3) 内部ルールの遵守について

被告内部の基準によれば、本件各売買契約時に原告は79歳であったから、被告からの勧誘により本件各投資信託を販売することはできなかった。……被告内部の基準に従えば販売することができないにもかかわらず、訴外は、原告からの申し出として処理することにより、販売が可能としたと認められる。

また訴外は、……家族の同席、同意が必要とされており、原告に対する意思確認で処理が可能であるのは、同意確認が困難である場合の例外的な措置とされているにもかかわらず、一人暮らしの原告が「娘には言いたくない」と答えたことをいいことに、家族の同意を不要として処理し……家族の同意確認を怠った。

【解説＆実務への理解】

(1) 投資適合性の確認について

ここでは、一見すると良しとされそうな顧客の状況が、裁判においては「投資適合性が不十分」と判断されている、具体的な項目をみてみましょう。

取引経験：これまでに投信の購入経験はある
⇒実質的には、投信の仕組みなどがほとんど理解できていない

投資知識：日経平均株価についても、テレビのニュースで聞いたことはある
⇒その程度では、日経平均株価に連動するリスク商品を購入するために、十分な知識とはみなすことはできない

投資目的：定期預金の金利に不満をもっている
⇒これは、一般的な感覚として顧

客がもつものであって、そのことが直ちに、運用への積極的な意向とは結びつかない

このように、より実質的あるいは具体的なところで、顧客自身の適合性が吟味されているといえましょう。

私たちの勧誘記録についても、表面的な「知識あり、運用目的あり」という評価にとどまることなく、実質的なところにふみこんで記載していく必要がある、と考えられます。

（2）説明義務履行の程度について

本件では、目論見書・販売用資料などを交付して、ひと通りの説明はしています。にもかかわらず、次のような理由により、説明義務を履行していないと判断されています。

① 元本割れの基準となる日経平均株価を示しているが、過去の株価の変動状況などは示していない。このため、顧客に十分な判断材料を提供しているとはいえない。

② 顧客から特段の質問がなく、勧誘のその場で購入を決めているということは、顧客の側に十分な理解がなかったものと考えられる。

③ 販売取扱者が、投資対象についての知識を持ち合わせていない

このうち、①については、ある意味でかなり深いレベルでの説明責任が求められている、といえましょう。株価ならずとも、リート指数でも為替レートでも、以前の水準や暴落などによりどの程度下落するのか、を参考資料などで理解認識させる必要があります。ただし、このことは、専門的かつ詳細な資料を提供する義務としてとらえるよりもむしろ、顧客がリスクを具体的に把握するためのサポート資料を提供する必要もある、という考え方でよいと思います。

また、②については、平たく言えば「よくわかっていないから、質問も出ない」と判断されます。実際、顧客から何ら確認事項・質問事項が出ないということは、言われるがまま、勧誘されるがままの状況といえなくもありません。

勧誘の適切さを立証するためにも、顧客の発言・質問などを記録しておくことは重要です。

さらに、私たち販売側にとって厳しいメッセージともいえるのが、③です。これをなぞらえていえば、たとえばブラジル債券ファンドを販売するならば、ブラジルレアルの為替レート推移やブラジルの基本的な経済状況（インフレ・財政収支）程度の知識は頭に入れておくべき、ということになります。

これらについては、ファンド導入時やその後のファンド会社からの定期資料などに整理されていますから、それらを一読しておくことでクリアしていけるでしょう。

（3）内部ルールの遵守について

本件における銀行でも、高齢者への販売ルールが確立しています。が、運用においてルールが形骸化していることが、次のように指摘されています。

① 「顧客からの申し出」として、処理していること

② 「娘には言いたくない」との顧客発言により、親族同席などを割愛していること

①について、高齢者との面談記録などに「顧客からの強い要望があり…」と書かれているケースが、よく見受けられます。これが、一つの支店で何人もの顧客との面談記録に、判で押したように書かれていると、逆にその真偽が疑問になってきます。本当に強い要望なのであれば、顧客の発言を一言でも付しておくこと（「少しくらいは、投資も必要だと思ってきたよ」など）が望ましいでしょう。

また②については、本件では実際には同席可能な親族を割愛したことが非難されていますが、ルールの運用としては、うなずけるロジックであるといえます。なぜなら、たとえ親族であっても、財産は個々人に帰属しているし、みだりに親族への取引報告を顧客に強要するものではないからです。

実際、100万円程度の投信購入について、いちいち親族に話したくない、と感じる高齢者も

多いでしょう。私たちからは、たとえ同居親族であっても、みだりに「お母様に投信のご購入をいただく予定なのですが」などと話すことは、守秘義務の観点から疑問符がつきます。高齢者の意向をふまえて、慎重な対応が必要であると考えます。

2. 高齢者への社内勧誘ルールと無断売買の関連性

この事例も、高齢者に対する投資信託の勧誘に関するものですが、ここでは無断売買による取引の無効がまず主張され、予備的に適合性原則違反・説明義務違反による取引の違法性が問題となりました。

判決としては、下記のとおり、無断売買については該当しないとする一方で、適合性違反・説明義務違反については主張が容れられています。まず、事件の時間的経緯に簡単にふれたうえで、判旨を確認していきましょう。

平成17年12月～平成19年1月：いわゆるノックイン型投資信託（日経平均株価指数によって繰上げ元本償還の可否が決まる商品）を購入。この取引については、無事に、1年後に繰り上げ償還された。

平成19年3月26日：原告に上記と同様の投資信託を勧誘。あわせて同日、息子に電話をして、本件取引について承諾を求める。

平成19年3月27日：原告が脳梗塞にて倒れる。

平成19年3月28日：被告会社内の手続（後述する「高齢者取引記録表」の回覧承諾）が整い、買付け。（なお、原告はその後も存命ではあるが、平成21年4月には、息子が成年後見人に就任している）

【判旨の抜粋】（平成23.2.28 東京地裁判決）
（1）無断売買の有無について
……被告会社の外務員Aは、上席Bから、原告の本件投資信託の購入に関し、原告の息子から承諾を得るよう指示され、3月26日、原告宅を訪れた後、息子に対し電話をかけたこと、当時被告会社の社内ルールとして、高齢者取引の承諾を営業責任者B、内部管理責任者Cから得る必要があり、その承諾を得るのに時間がかかったことが認められる。……Aは、3月26日、本件投資信託の購入を提案しようと原告宅を訪れた際、原告から本件投資信託の注文を受けたが、他の手続を行っていたことから、投信募集申込書の作成は後日になったものであることが認められる。よって、本件投資信託の購入が、原告に無断で行われたと認めることはできない。

また、原告は、本件投資信託の売買契約の締結には、息子の承諾が停止条件とされていたところ、当該承諾はないから、この売買契約の効果は原告に帰属しないと主張する。この点、被告は社内ルールとして、80歳以上の高齢者と取引をする場合、原則として同居の親族等から確認書を得ることになっていたことがうかがわれるが、当該ルールは被告が社内におけるルールとして定めていたに過ぎないことからすると、顧客との間の契約締結において、上記確認書を得ることが停止条件になるということはできない。

（2）適合性原則の違反について
……原告は、（繰り上げ償還された前回の投資信託を）購入するまでは、息子の勤務会社株式以外には預金や国債を保有していたにすぎず、本件投資信託のような商品についての十分な経験があったということはできない。さらに……「投資目的」欄の"利益配当金を重視"に印が付けられていても、原告の上記保有資産の状況からすると、元本が大きく毀損されるリスクを取ってでも利益を得たい、というほどの積極的な投資意向を原告が有していたということはできない。

……（前回の投資信託に関しても）同商品の紹介を受けてからわずかな期間のうちに、国債に投資していた資金全額を集中的に投資してい

ることからすると、原告は同商品のリスク等について、十分に理解していなかったものと推認できる。そうすると、原告が同商品を購入した事実をもって、原告に十分な経験があったということはできないし、これにより原告が積極的な投資意向を有していたということもできないというべきである。

（3）説明義務違反について

……（昭和59年から平成21年までのデータから）日経平均株価が、一定の時点から5年間に35％下落する確率は平均約59％であったことからすると、株価観測期間中にワンタッチ水準を下回る可能性は低いとはいえないし、……本件投資信託は、得られる可能性のある利益は分配金の限度であるのに対し、その利益にとどまらない損失を被る可能性のあるものであり、……Aは、原告に対し、日経平均株価が観測期間中にワンタッチ水準を下回る可能性が、具体的にどの程度の確率で存在するかについては、何ら説明していないことが認められる。

被告は、Aが3月26日の午後8時50分ころ息子に電話し、息子から「父親本人からも聞いているので、今回はかまわない」との回答を得たと主張し、……しかし、Aが本件投資信託について話したのは同日が最初であり、原告が息子と本件投資信託につき話したことがないことは、A自身が認めているところであるし、Aは原告から、息子に投資信託の金額を知られたくないし、息子から確認書に署名捺印してもらうことを嫌っていたことを聞いていたことが認められ、これらのことからすると、Aが3月26日に息子に電話をしたものの、抽象的に「原告が新たな投資信託を行なうことになったが、息子の承諾は要らない」という程度のことを伝えたにとどまり、具体的な投資信託の内容およびその金額を説明したとは考えがたい。

【解説＆実務への理解】

（1）無断売買の有無について

被告である金融機関の、高齢者に対する勧誘

ルールでは、判旨の中にもあるように、

① 原則、同居親族などから確認書を徴求する
② これが困難な場合は（顧客属性によって適合性が十分に確認できる場合に限り）、「高齢者取引記録表」にその旨を明記、内部管理責任者の承諾を得る

と定められています。本判決でポイントと思われるのは、このようなルールは社内におけるものであるから、仮に外務員がこれに違反したとしても、法律に違反したこととは異なり、直ちに顧客との契約に影響を与えるものではない、とされていることです。

もちろん、本件でもかかる外務員の行為は、他の観点から法令違反を構成していますし、社内ルールと法令をことさら線引きするものではありませんが、少なくとも判例の解釈として、社内ルールがどのように位置づけられるか、つまり契約締結の法的要件とまではされないことについて、おさえておきたいと思います。

（2）適合性原則の違反について

ここでは、私たちの日常実務においても陥りがちな判断について、注意点が示されています。

一つは、「投資目的」欄の"利益配当金を重視"に印が付けられていても、これまでの投資状況などからみて、積極的な投資意向を有していたとはいえないと判断されている点です。顧客アンケートなどにおいてチェックをつける投資目的の項目を表面的に解釈することなく、その他の状況との整合性によって判断が下されています。

よく、内部の自主点検においても、たとえば「株式ファンド購入の場合、投資目的レベルが4以上であること」などのチェックをかけています。入り口としてはそれでよいのですが、本件のような議論になった場合には、その他の項目（財産状況・投資経験など）との整合性のなかで、「本当にレベル4、といえるのか？」といったチェックをかけていく必要があるといえましょう。

もう一つは、商品の紹介を受けてからわずかな期間のうちに投資を決断していることは、むしろ逆に商品のリスクについて十分に理解していない、と判断される点です。また、何も質問が出ないことなども、「わかっていないから質問も出ない」という解釈をされる判例もあります。実際の販売の現場では、勧誘のその日その場で、購入を決めるケースも少なくありませんが、そのような場合は、①顧客が同じタイプの商品の購入経験があることなどで、あらかじめ前提知識が備わっていること、②そのことを裏付けるような顧客の発言をおさえること、の2点を備える必要があると思われます。

(3) 説明義務違反について

　ここでのポイントは、二つあります。

　一つは、日経平均株価が、ワンタッチ水準まで下落する確率について何ら言及していない点を、指摘されていることです。こうした可能性について、「△％くらいです」と明言することは、むしろ不確定なことを断定的に表現するようで、はばかられると思います。それにしても、そういったリスクについて過去のチャートやデータを示すこともなく、ただ現在の株価水準とワンタッチ水準の乖離幅だけに説明が終始してはいけない、とはいえましょう。

　もう一つには、高齢者の親族に対する説明の中身です。この判例では、抽象的に投信の買付けが行われるという内容では足りないとしていますが、その発想は、親族にも本人と同じように、商品の吟味・リスク判断をしてもらおうとするところにあるのでしょう。高齢者一人では、リスク判断に心もとないから、親族にも加わってもらおうとするわけですから、具体的な商品内容までふみ込んだ説明が求められます。

---

3. 適合性の原則違反

　この事例は、外務員らが、収入のない専業主婦の「金融資産30百万円、投資可能金額20百万円」とする過大な申告に対して、その裏付けを確認することなく、取引の開示・口座開設と実際の取引に及んだことが、適合性原則に違反して違法となるかどうかが争われたものです。

　また併せて、実際の取引においていわゆる"外務員の言うがままの取引"であったかどうかも判断されています。

　多くの判例にみられるように、この事例についても5割の過失相殺が認められています。直接の取扱商品は（投資信託などではなく）商品先物取引ではありますが、商品取引所法215条における"適合性の原則"も、金融商品取引法40条と類似の規定であることから、参考になる裁判例として学習することができるため、紹介します。

【判旨の抜粋】（平成20.2.26 札幌地裁判決　金判1295号66頁）

(1) "適合性の原則"の確認について

　……原告は専業主婦で無収入でありながら、金融資産額3,000万円、投資可能資金額2,000万円を有するのはあり得ないことではないが、通常のことではなく（さらに、仮に当該専業主婦に申告額を裏付ける資産があっても、夫の資産であるとの推測も成り立ち、その場合には、夫の承諾を確認する必要が生じてくる）、しかも、原告が作成した申出書の金融資産の内訳は、取引先の金融機関と取引額のみが記載された極めて雑ぱくなものであったのであるから、被告としては、原告の投資可能資金額の申告に対しては、その真実性に一応は疑問を抱いて、質問したり、裏付けとなる証明資料の提出を求めることにより、投資可能資金額の裏付けとなる資産の確認を求めるべきであり……（以下略）

(2) 口座開設時の"説明責任"について

　……その説明上、重要な部分にラインマーカーを引いたりして、先物取引の仕組みと危険性、証拠金の性質、商品取引員の禁止行為の概要、委託者の自己判断と自己責任等を説明したほか、予測に反した場合の対処方法を、具体的な金額

を用いて、実際にその場で記入しながら説明し、説明に用いた資料も、比較的難解な商品取引の仕組みや流れを、平易な文章と図画を用いてわかりやすく説明した内容のものである。

(3) "外務員の言うがままの取引" について

……原告は、本件取引開始に当たって、自己判断、すなわち外務員の取引の勧誘に対して最終的には自己の判断で取引を行うべきであるとの説明を受け、外国市場のガソリン相場をインターネットのサイトで調べたり、被告外務員から情報を得たりし、被告外務員とのやりとりにおいても、相場の見通しについて自己の意見を述べていたのであるから、被告外務員の助言に従って取引をしていたとしても、最終的には自己の判断に基づき、本件取引を被告に委託していたと認めるのが相当である。

【解　説】

(1) "適合性の原則" の確認について

この事例では、"財産状況" についての確認の方法が形式的過ぎるとの批判を受けています。これが裁判における争点とされているため、被告会社の違法性という議論にまで発展しているわけです。

ここでは、"財産状況" を問題としていますが、同様のことは、たとえば、"投資知識" の確認についても考えられます。顧客が顧客アンケートの「知識は十分」の項目にチェックしたからといって、そのことを確認するためのやりとりを何らすることなく、顧客カードに受け入れて終わりにしてしまえば、同様の批判にさらされるリスクも出てくるものと思われます。

実務上、留意すべきこととしては、顧客のアンケート回答内容について、一言二言でかまわないので、会話をすることです。たとえば、財産状況であれば、「およそどこの金融機関なのか？」「株式・投信などの内訳は、およそどのような状況か？」などについて質問してみるとよいでしょう。また、投資知識についてであれば、「日常的に株価や為替の動きを、新聞など

でフォローしているか？」「これまで損をした経験はあるか？」などを話題にしてみるのもよいでしょう。

(2) 口座開設時の "説明責任" について

判旨の中で着目すべきは、「説明資料の重要部分にラインマーカーを引いて説明を行っている」こと、「取引の仕組みや流れについて、その場で平易な文章と図画を（便箋に）記入して説明をしている」ことです。そして、これらについて肯定的に評価していることです。

金融商品取引法の施行以降、広告規制への対応が厳しくなったため、資料にマーカーを引いて特定箇所を強調することは避けること、広告審査手続のなき資料とみなされることを避けるために、メモなどは交付しないことが多くの金融機関における対応となっています。

ここで大切なことは、「メモをつくるかどうか」という行動そのもの以上に、その背後にある考え方を理解することだと思います。

各金融機関内のルールの発想の根本には、本事例のような係争に発展してしまった場合に、それに耐えうるだけの精度の高い説明や資料を、一律に個々人が作り上げることは困難ではなかろうかという考え方があるのではないでしょうか。そのため、このような行為は、一律禁止されているものだと思います。

(3) "外務員の言うがままの取引" について

この事例では、「顧客がインターネットで相場の動向をフォローしている」こと、「外務員とのやりとりの中で自らの相場観を話していた」ことが論拠とされて、"言うがままの取引" ではなかったものと判断されています。

このことからも、日常的な顧客面談記録において、どのような事柄を記載するとよいかがわかります。つまり、単に「為替リスク・価格変動リスクについては理解している。購入意思も十分である」のような抽象的な記載では足りず、具体的な顧客の様子や発言などが書かれていることが望ましいのです。

一例をあげれば、「このファンドの広告は見

かけたことはあったし、どうしようか考えていた」とのこと、「このところ、米ドルが下落してきたので、いいタイミングだと考えていた」とのことなど、顧客の主体的な意思がうかがわれることが大切です。

4. 説明義務違反

この事例は、相続等により3億円を超える資産を有することとなった歯科医が、証券会社の勧誘に従って投資信託等の購入を行ったところ、多額の損失を被る結果となり、「これは証券会社の勧誘行為が適合性の原則に違反し、また説明義務に違反するものであったからである」と主張し、損害賠償請求を求めたものです。

資産背景としては十分な顧客であり、またリスク商品の購入についても、顧客の認識なく無断で行われたものではないとしても、適合性原則のその他の要素（知識経験や投資意向）について充足されているものではないとされたところがポイントです。

また、顧客への説明において、目論見書の交付がされているにしても、十分な検討をするだけの時間が与えられていないことが問題とされている点や、商品のリスク説明について、「具体的にどの程度の内容を確認すればよいのか」など、実務上の参考とすべき内容の多い事例といえます。

なお、原審では原告（顧客）に7割の過失相殺を下していますが、本判決では被告（証券会社）の義務違反の認定度合が高まった結果、4割まで縮減されています。

【判旨の抜粋】（平成20.6.3 大阪高裁判決　金判 1300 号 45 頁）

（1）適合性の原則違反について

……上記資産（約3億円）は、原告が実母と生活していくにあたり、十分すぎるものである。手持ち資産を積極的に運用して増やしていこう

との動機付けはなかった。原告は歯科医師の免許を有しているが、経済や投資商品についてはもともと関心が低く、特段の知識を有していたとか、積極的に理解に努めていた形跡もない。

……一連の本件投資商品の勧誘は、これまで投資経験がなかったのに億単位の額を相続し、投資についての知識を持たず積極的な投資意向もない原告に対し、原告の投資経験に注意を払わず、原告の意向と実情に反し…（略）…適合性の原則から著しく逸脱した証券取引勧誘に該当するといわざるを得ない。原告が歯科医師の免許を有することだけで適合性を肯定する根拠となるものではなく、原告が相続により約3億2,000万円の資産を有していたことについても、原告の投資経験に注意を払わず、投資意向を確認しないまま、原告の意向と実情に反して本件投資商品の取引を勧誘することを正当化するものではない。

（2）説明義務違反と顧客応対について

……原告において、数多くある投資信託商品と照らし合わせるため、同オープン以外の投資商品について説明を受け、同オープンの目論見書の内容をよく検討し十分に理解した上で、自ら投資判断をしたと認められるだけの時間的余裕があったとは認められない。

……原告は、B（証券会社社員）に対し特段の質問をした形跡がなく、勧誘された当日に購入を決めているなどの購入の際の事情に照らし、Bの証言を採用することはできない……

（3）説明義務違反と顧客への確認について

原告はBから「国がつぶれない限り大丈夫」などと「トルコ共和国債」の購入を勧誘されて「トルコ共和国債」を購入した。…（略）…Bは、当時のトルコの財政が巨額の債務のため大幅な赤字であったこと、平成11年8月17日に大地震が発生して将来の財政にダメージを与える可能性があることなどのトルコの信用状況について、特段の知識を有していなかった。原告は、トルコ共和国債の格付けが投機的格付けであることについて、Bに対し、特段、質問等はしな

かった。

【解　説】

（1）適合性の原則違反について

　本事例の顧客は、適合性の原則のうち、財産状況に関しては十分な背景があります。しかし、判旨の中でも、そのことは一要素に過ぎず、その他の要素である知識・経験・投資目的などに照らしても、勧誘にふさわしくなければならないことが示されています。

　その観点から、十分な財産を持っているがために、これ以上、資産運用によって財産を増やすだけの動機に欠けることが指摘されています。このような顧客は私たちの大口顧客の中にもいることと思われます。こうした顧客に対して、「少しだけでも運用を……」と勧誘することは、適切さを欠くことにもなりかねません。

　また、顧客の職業は歯科医ですが、顧客が高学歴であったり、一般に専門性を要する職業に従事しているからといっても、そのことをもって「知識」要件を充たすことにはならないことが、示されています。顧客の知識の度合いは、あくまでも、面談・会話の中で認識されるマーケットや個別商品に対する理解力によって判断すべきものであるといえます。

（2）説明義務違反と顧客応対について

　説明義務について考えてみます。この（2）では「勧誘における対応スピード」に関して、また（3）では「勧誘の際、何をどこまで質問・確認すべきか」に関して、それぞれ判旨からくみ取ってみましょう。

　まず、勧誘の場面で目論見書を交付し、またこの内容について説明しなければならないことは、私たちも十分に認識していることですが、事例では、交付の事実にとどまらず、顧客に対する時間的余裕を問題にしています。

　つまり、「顧客が他の候補商品とも比較したうえで、やはり勧誘をされた商品が自身にとって納得のいくものであると、確認できるだけのゆとりを与えていたか」、また「その商品自体についても、よく検討するだけの時間的余裕を与えたといえるか」が問われているのです。

　私たちの勧誘においても、勧誘したその場で顧客の意思決定がなされて契約に至る場面もあると思います。そのことは、一律的に否定されるものではありませんが、要は、顧客にとって自主判断に十分なゆとりが与えられていたかどうかがポイントとなります。

（3）説明義務違反と顧客への確認について

　「国がつぶれなければ大丈夫」といったまでの安易な説明はしないにしても、リスクの所在についての安易な説明が否定されることを、実務上も留意する必要があります。判旨の中では、まず販売員自身が、「トルコの財政状況を把握しているか？」、「直近の大地震が財政に与える懸念を理解しているか？」が問われていますが、これらを販売員が把握していることは当然のことであり、それを顧客にも理解させてはじめて、適切なリスク説明がなされるといえるものであることを意味します。

　そして、顧客から販売員に対して質問が出なかったことについて言及されています。わたしたちの勧誘活動の適正さを、事後的に立証するためには、このような顧客とのやりとりが勧誘記録に残されておくことが必要です。勧誘記録に記載すべき内容は、わたしたちが何を説明したかもさることながら、顧客からどのような質問・発言・感想がなされたかが、より大切であるといえましょう。

5.　断定的判断の提供（個人顧客）

　この事例は、金の先物取引の勧誘を受けて1,500万円の委託証拠金取引を行ったが、取引を開始した日の直後に、金の価格が急落してストップ安となり、結果的に3,100万円を超える売買差損金が発生したことによる損害賠償請求事件です。

　顧客側は、数回にわたりファックス送付して

きた価格推移表や新聞記事に付された外務員によるコメントが"断定的判断の提供"にあたるものであると主張しますが、この当否が争われたところが着目すべきポイントです。"断定的判断の提供"は、金融商品取引法38条2号において禁止されている行為ですので、仮にこの主張が受け容れられると、勧誘行為が違法なものとされ、不法行為による損害賠償責任が発生することになります。

一審・二審とも判決では、後述のロジックによって、"断定的判断の提供"については否定していますが、一方で、消費者契約法4条2項のうち「重要事項について、消費者の不利益となる事実を、故意に告げないことによって、当該事実が存在しないと誤認」させたものとして、取引業者の責任を認めています。この「不利益となる事実を告げない」こと、あるいは「かかる事実が存在しないと誤認させる」ことは、金融商品取引法の他の条項（たとえば、37条の広告等の規制や37条の3の契約締結前の書面の交付等）にみる「顧客の判断に影響を及ぼす重要な事項を告げること」にも関連しますので、あわせてフォローしておきたいと思います。

【判旨の抜粋】（平成20.1.25 札幌高裁判決　金判1285号44頁）

（1）断定的判断の提供について

……電話確認において、断定的判断の提供の禁止について質問された際の回答内容からしても、本件基本契約の締結に当たり、控訴人（顧客）が、相場に絶対ということはないことを理解していたことが認められる。そして、実際のやり取りにおいて、外務員が…（略）…金の相場に関する判断をする上での情報提供の限度を超えて、相場が上昇することが確実であると決めつけるような断定的な表現を使って、控訴人に取引を勧誘したことを認めるに足りる証拠はない。

……上記各ファクシミリ文書の表現は、外務員が、金相場の値動きからみて今後さらに金の

値が上がると予想される旨の、自己の相場観を述べて取引を勧誘し（12月7日送信分）、金の需要が増大する可能性を示す新聞記事を挙げ、…（略）…仮に金の相場が原油同様に7倍になった場合に想定される値段を示した上で、金取引の有望性を述べて取引を勧誘する（12月10日送信分）趣旨のものであると認められ、その表現それ自体が、一般的にみて、利益が生じることが確実であると誤解させるようなものであるとは認められない。

……なお、控訴人は、プロである外務員が相場予測を述べること自体が、「プロがそこまで言うのであれば、相当確実な根拠があるのだろう」と誤認させる行為であり、先物取引の初心者との関係では断定的判断の提供に当たるかのごとく主張する。しかし、法令上、外務員が相場予測を述べること自体を禁止する規定はなく、経験のない顧客がこれによってその予測を信じるであろうことを理由に、その相場予測自体を断定的判断の提供と解するのは相当ではなく、かかる顧客の保護は、新規受託者保護義務等、顧客の属性に基づくその他の根拠によるべきである。

【解　説】

（1）断定的判断の提供について

本判旨において、「断定的判断の提供」とは、どのようにして構成されるのかが明らかにされています。

①自らの相場観を伝えること

　⬇　顧客の理解度＆認識

②それが確実であると、誤認させること

上図のように、①だけでは断定的判断を提供したことにはならず、②のような状態に顧客が陥った場合に、「断定的判断の提供」が構成されるものと示されています。そしてそれは、顧客がどのような認識と理解をもって、当方の"相場観"を聞いているかによって異なってく

るため、個々のケースによって裁判における判断も違ってくるものと考えられます。

このことは、一面からいえば「顧客に対して、自らの相場観を語ってもかまわない。ただし、それが確実であるとの言及を慎めばよい」というように理解することができます。しかし同時に、あくまでも、顧客個々人の理解力と認識がベースになっていることを忘れてはなりません。

端的にいえば、同じ話をしても、顧客Aに対してはセーフであっても、顧客Bに対してはアウトになってしまうということです。金融商品取引法は、顧客保護の発想が一つのベースとなっています。したがって、顧客を誤認させるようなことがなかったかどうかが、勧誘行為の適否を判断する際の基準となり、それは"自らの相場観"を語っている場合であっても同様であると考えられます。

具体的な顧客への説明話法としては、たとえば、「私の見解ですから、そこは割り引いて聞いていただきたいのですが…」と付け加えたり、「お客さまはどのようにお考えでしょうか？同じように感じられますか？」と反対質問をしてみるとよいでしょう。

---

6. 断定的判断の提供（法人顧客）

この事例は、取引を行った顧客に対する担当者の説明について、

① 説明によって、顧客は取引における重要な要素（＝取引に伴うリスクの内容と程度）に関して、いわゆる"要素の錯誤"に陥ったものであり、取引自体が無効といえるか？

② 説明に用いられたシミュレーション表についての前提条件や、どの程度の評価損が出る可能性があるかについての明確な言及がないことが、説明義務違反を構成するかどうか？

が争われました。

結論としては、①については認められなかったものの、②については、原告（顧客）側の主張が認められました。

この事例も、5の個人顧客の事例と同じように、担当者が自らの相場観や予測を述べており、これを顧客の側で断定的判断を提供されたものと判定できるかが論点となっています。断定的判断の提供か否かについての要件・状況については、基本的に5の事例と同じロジックですが、ここでは、顧客がデリバティブ取引に豊富な経験を有する法人投資家であることに特徴があります。つまり、同じ説明内容であっても、顧客の知識・経験によって、それを絶対確実なものと認識する度合いは異なってくることが、判示の中でも意識されているといえましょう。

【判旨の抜粋】（平成21.3.31 東京地裁判決　金判1866号88頁）

（1）断定的判断の提供あるいは要素の錯誤について

……本件説明書において、本件第1取引の時価評価に関する説明の前に「私見ながらも予測や考え方をまとめさせていただきました」との記載があることや…（略）…あくまでもAの相場観ないしこれに基づく予測を記載したものであると理解すべきものであるし、原告らは、長年にわたる付き合いを通じて醸成されていたAに対する信頼から、上記のようなAの相場観ないし予測にも相応の信頼を置いていたものとはいえ、もとより将来の金利動向やこれに影響を及ぼす様々な要因の動向等の予測には、本質的な困難を伴うものである以上、前記（略）のようなハイリスク・ハイリターンのデリバティブ取引につき豊富な経験を有する原告らにおいて、Aの相場観ないし予測が絶対的なものであり、それを超えるような大幅な時価評価損を計上する可能性があり得ないとまで考えていたとは到底認めがたく、あくまでも当時Aが提示し原告らが賛同していた相場観ないし予測に基づくリスクを想定していたにすぎない、と

いうべきである。

……原告らにおいて、本件第1取引の時価評価損のリスクに関して、要素の錯誤に陥っていたものとは認めることができないから、原告らの本件第1取引の錯誤無効の主張は採用することとはできない。

(2) 説明義務違反について

……原告らが是認していたＡの相場観に基づく予測を、大幅に超えるような時価評価損の発生を看取することそれ自体は必ずしも困難ではないとしても、その時点における過去の市況の動向等を踏まえた、相応の合理性を有すると認められる相場観に基づく予測が、ある程度具体的に提示されるのでなければ、顧客である原告らとしては…（略）…投資決定をその時点で行うことは困難を伴うであろう…（略）…こうした観点から、本件シミュレーション表ないし本件説明書に基づくリスク説明についてみると、…（略）…本件シミュレーション表における前提条件や、それが満たされない場合にどの程度の時価評価損が発生する可能性があるのかについての明確な言及がないなどの点で、本件分析表と対比して不十分なものというほかない。

…（略）…顧客である原告らの自己責任に基づく自主的な投資決定の判断にとっての、前提条件の充足を阻害するものと評価することができるのであって、原告らがデリバティブ取引につき豊富な経験を有していることなどを考慮したとしても、前述した証券会社の顧客に対する説明義務に違反するものと評価せざるを得ない。

【解　説】

(1) 断定的判断の提供または要素の錯誤について

"断定的判断の提供"を構成するロジックについて、本事例も上記5とほぼ同様に考えることができます。すなわち、①自らの相場観を伝えること、そして②それが確実であると誤認させることによって断定的判断の提供となるという構成です。

①については、担当者が「私見ながらも、予測や考え方をまとめました」といっていることから明らかですが、やはり争点となるのは、「それを顧客がどのように受け止めたのか？」、「結果として、②に陥っていなかったのか？」という点です。

顧客側からは、担当者とはリレーションも深く、その相場観や予測にも信頼を置いていたことが主張されています。しかし、顧客はデリバティブ取引について豊富な経験を有しているのだから、「担当者の相場観や予測が絶対的なものであると考えたり、またそれを超えるような損失が出る可能性があり得ないとまで考えていたとは認めがたい」とされました。つまり、適合性の原則でいうところの"知識・経験"に照らして、顧客の受け止め方が判断されたわけです。

また、本件の顧客は、法人投資家です。一般に、法人というと個人よりも投資知識や経験において優れているとの印象を持つかもしれません。しかし、あくまでもその法人の経験、そして当該法人担当者や意思決定を行う役員らの持つ投資知識の深さによって、判断しなければならないことが、本事案からもうかがえます。もし、当該法人が仮にデリバティブ取引の経験がほとんどなかったとしたら、（少なくとも、過失相殺の認定などについて）判断もある程度変わってくるものと考えられます。

私たちの実務においても、法人・個人、あるいは資産規模といった属性からさらにふみ込んで、顧客の投資経験や知識を考慮して、「この説明は、どのように解釈されているのだろう？」と考えてみることが大切といえます。

(2) 説明義務違反について

この事例では、金利スワップ取引の説明に、シミュレーション表が用いられています。問題とされたことは、シミュレーションの前提とする金利の変動幅や長短金利の乖離幅についての記載が不十分であること、また、それについての担当者の説明も不十分であったことです。

私たちの実務の場面でも、目論見書その他の書面を顧客に交付しその内容を説明しますが、その説明をもって「顧客の自主的な投資判断にとっての、前提条件を充たしているか？」が問われていることと、本事案は同じに考えられます。そのようにとらえると、顧客に書面を渡す際の説明には、相当に気を使わなければならないようにも思われますが、充足すべきポイントがあります。具体的には、次の各点などです。

① この商品は、「どのような要素がリスクとなるか？」、たとえば、ユーロの為替レートが下落すること、その要因として、ユーロ圏の金利が下がることや、ユーロ圏の財政悪化が厳しくなることなどについて説明すること。

② 説明によって、「顧客が具体的には、投資を開始してから、どのようなニュースに気を配っていくとよいか、理解できたか」を確認すること。

③ 過去の大きく下落した局面（たとえば、リーマンショックなど）をとらえて、「これまでにどの程度の大幅な下落が実際に発生しているか」を認識させ、それを許容できるだけの投資資金額におさめていくように、顧客の判断を求めること。

判示にみるように、「顧客の自主的な投資決定の判断にとっての前提条件」を充たしているかを基準として、個々の顧客に応じた具体的な説明が求められているといえましょう。

7. 投資信託の勧誘における適合性原則違反・説明義務違反

本事案も、投資信託の勧誘行為について、適合性原則違反・説明義務違反が争点とされたものです。以下の判旨（平成22.8.26 大阪地裁判決　金法1907号101頁）にみるように、最近はより実質的な態様がどうであるかが問われてきているといえます。

まず、適合性の原則については、顧客の投資経験・知識に関して「日経平均株価の理解についても、テレビのニュースで聞いたことがある程度のもの」と評し、また投資意向についても「定期預金の金利が低いが仕方ない、といった程度の一般的なものに過ぎない」と評しています。これらの要素は、販売側のロジックとしては、ある程度の知識・投資意向があることとされるかもしれませんが、本判決の中では実質的な材料として考慮されていない点が、着目されます。

また、説明義務に関しても、販売用資料・目論見書等を交付し、あらかじめ設定された（元本償還確保ラインとなる）ワンタッチ水準などについて一応の説明はしていたとしても、それは過去の株価の変動状況や、今後の株価予測の参考の情報を提供したものではなく、顧客に当該投資信託の危険性を、具体的に理解することができる程度の説明をしたものとは認められないとしています。このことからも、形式的な態様ではなく、実質的な顧客の理解に資するものであったかが、判断基準とされているといえましょう。

なお、以下はP.85でも取り上げた判例です。参照してください。

8. 預貯金と遺産分割に関する決定

本事案は、死亡した男性（被相続人）の遺族が、男性の遺した預金約4,000万円について、別の遺族（共同相続人）が受けた生前贈与などと合わせて遺産分割を行うように求めた審判案件です。換言すれば、本件預金を切り離して、法定相続割合による分割払出しすることを認めないでほしい、ということになります。

これについて、一審・二審では従前からの判例に従い、預金は相続によって当然に分割されるので、遺産分割の対象外であるとして、上記請求を退けてきました。

しかし本テキスト第3章　預金業務（P.85）

でも紹介したように、本件（平成28年12月19日）の最高裁決定は、これまでの判例を変更して「預貯金は、相続によって当然に分割されるものではなく、遺産分割の対象となる」としたのです。

金融商品の中でも、株式あるいは投資信託などは、これまでの判例においても示されているように、遺産分割によって初めて、その分割払出しが行われるべきものであり、共同相続人の一人が自らの法定相続割合に相当する額を先行して払い出せるものではない、とされてきました。

しかし、この論拠としては、株式には議決権や配当請求権などがあることが考えられていたものであり、投資信託についても株式に類似した性質に着目されてきたわけです。

その視点からすると、預貯金は株式などとは異なる金融商品であり、相続財産としての取扱いにも差異が生じることが肯定されます。

今回の決定は、金融商品としての性質とは違った視点からアプローチしたものと考えられますが、いずれにしても今後の金融実務に与える影響は大きいと言えるでしょう。

【判旨の抜粋】（平成28.12.19　最高裁決定）

（1）共同相続と遺産分割について

……遺産分割の仕組みは、被相続人の権利義務の承継に当たり共同相続人間の実質的公平を図ることを旨とするものであることから、一般的には、遺産分割においては被相続人の財産をできる限り幅広く対象とすることが望ましく、また遺産分割手続を行う実務上の観点からは、現金のように、評価についての不確定要素が少なく、具体的な遺産分割の方法を定めるに当たっての調整に資する財産を遺産分割の対象とすることに対する要請も広く存在することがうかがわれる。

……共同相続の場合において、一般の可分債権が相続開始と同時に当然に相続分に応じて分割されるという理解を前提としながら、遺産分

割手続の当事者の同意を得て預貯金債権を遺産分割の対象とするという運用が実務上広く行われてきているが、

……（中略）……改めて本件預貯金の内容及び性質を子細にみつつ、相続人全員の合意の有無にかかわらずこれを遺産分割の対象とすることができるか否かにつき検討する。

（2）普通預金債権・通常貯金債権について

……預金者が死亡することにより、普通預金債権及び通常貯金債権は共同相続人全員に帰属するに至るところ、その帰属の態様について検討すると、上記各債権は、口座において管理されており、預貯金契約上の地位を準共有する共同相続人が全員で預貯金契約を解約しない限り、同一性を保持しながら常にその残高が変動し得るものとして存在し、各共同相続人に確定額の債権として分割されることはないと解される。そして、相続開始時における各共同相続人の法定相続分相当額を算定することはできるが、預貯金契約が終了していない以上、その額は観念的なものにすぎないというべきである。

預貯金債権が相続開始時の残高に基づいて当然に相続分に応じて分割され、その後口座に入金されるたびに、各共同相続人に分割されて帰属した既存の残高に、入金額を相続分に応じて分割した額を合算した預貯金債権が成立すると解することは、預貯金契約の当事者に煩雑な計算を強いるものであり、その合理的意思にも反するとすらいえよう。

（3）定期貯金債権について

定期貯金債権が相続により分割されると解すると、それに応じた利子を含めた債権額の計算が必要になる事態を生じかねず、定期貯金に係る事務の定型化、簡素化を図るという趣旨に反する。他方、仮に同債権が相続により分割されると解したとしても、同債権には上記の制限がある以上、共同相続人は共同して全額の払戻しを求めざるを得ず、単独でこれを行使する余地はないのであるから、そのように解する意義は乏しい。

＊なお、本決定に係る多くの裁判官から、補足意見が付されています。それらの点については、以下の解説においても触れたいと思います。

【解　説】

(1) 普通預金及び定期預金の性質について

上記・判旨にみるように、共同相続人が自らの法定相続割合に対応した持分によって預金を部分解約させることにより、一つの預金債権額が変動し、またそこから生じる利息の額も変動することが問題視されています。可分債権として公平に按分する趣旨からすれば、利息も含めて平等に按分されるべきですから、部分解約した後の残高から発生する利息についてもまた、按分が必要になってくると考えるわけです。

この観点から、次のような補足意見も付されています。「……各別の預貯金債権の行使によって、1個の預貯金契約ないし一つの口座中に、共同相続人ごとに残高の異なる複数の預貯金債権が存在するという事態が生じざるを得ない。このような事態は、振込等があって残高が変動しつつも同一性を保持しながら1個の債権として存続するという普通預金債権の性質に反する状況ともいい得るところであり、また普通預金契約を締結する当事者の意思としても認めないところであろう。共同相続の場合には、普通預金債権について、相続人各別の行使は許されず、準共有状態が存続するものと解することが可能となる。」

(2) 遺産分割の長期化について

元々、本事案の当事者間の争点は、生前贈与の取扱いをめぐるものでした。数字と相続人数を簡略化すると、次のようにとらえられます。

相続人Ｘさん（生前贈与6千万円）＋本件預金4千万円の1/2　⇒計8千万円

Ｙさん　本件預金4千万円の1/2⇒計2千万円

もし、預金の部分払出しを認めず、特別受益たる生前贈与分と合算して遺産分割協議を行ったとすれば、総財産評価は1億円ですから、預金の大半はＹさんが取得する帰趨となるでしょう。つまり、今後同様の事案が発生した場合には、相続財産の遺産分割協議が長期化し、その間に共同相続人が生活資金などのために一部資金を払い出そうとしても、それが認められずに資金的に困窮するおそれも出てきます。

こうした視点とも関連し、次のような補足意見が出されています。「……債権については、その有無、額面額及び実価（評価額）について共同相続人全員の合意がある場合を除き、一般的に評価が困難というべきである。そのため、債権を広く一般的に遺産分割の対象としようとすると、各相続人の具体的相続分の算定や取得財産の決定が困難となり、遺産分割手続の進行が妨げられ、その他の相続財産についても遺産分割の審判をすることができないという事態を生ずるおそれがある。……（中略）……これに対して、預貯金債権の場合、支払の確実性、現金化の簡易性等に照らし、その額面額をもって実価（評価額）とみることができるのであるから、上記可分債権とは異なり、これを遺産分割の対象とすることが遺産分割の審判を困難ならしめるものではない。」

さらに、次のような別の補足意見も付されています。「……預貯金債権を準共有債権と解したとしても、他の種類の債権について本件と同様に不公平な結果が生ずる可能性は残されている。……（中略）……問題は、相続開始と同時に当然に相続分に応じて分割される可分債権を遺産分割において一切考慮しないという現在の実務（以下「分割対象除外説」という。）にあるといえる。これに対して、私は、可分債権を含めた相続開始時の全遺産を基礎として各自の具体的相続分を算定し、これから当然に分割されて各自が取得した可分債権の額を控除した額に応じてその余の遺産を分割し、過不足は代償金で調整するという見解（以下「分割時考慮説」という。）を採用すべきものと考える。」

「……最後に、普通預金債権及び通常貯金債権を準共有債権とすると、問題の根本的解決に

ならないばかりか新たな不公平を生み出すほか、被相続人の生前に扶養を受けていた相続人が預貯金を払い戻すことができず生活に困窮する、被相続人の入院費用や相続税の支払に窮するといった事態が生ずるおそれがあること、判例を変更すべき明らかな事情の変更がないことなどから、普通預金債権及び通常貯金債権を可分債権とする判例を変更としてこれを準共有債権とすることには賛成できないことを指摘しておきたい。」

　こうした意見も出されていることもふまえて、今後の実務対応を考えていくことが必要と考えます。

〔著者略歴〕

木内清章（きうち・せいしょう）

1985 年 3 月：早稲田大学商学部卒業

2013 年 3 月：関東学院大学大学院法学研究科修了・法学博士

1985～2005 年：日本債券信用銀行勤務

2005 年から現在まで：複数の地域金融機関顧問

2015 年から現在まで：産業能率大学経営学部講師

著書『商事信託の組織と法理』（信山社）ほか

事例で学ぶ金融 ADR 制度—販売・勧誘の現場で取るべき顧客対応

2024 年 4 月 15 日発行

著　者　**木内清章**

発行者　**延對寺哲**

発行所　株式会社 **ビジネス教育出版社**

〒 102 - 0074　東京都千代田区九段南 4 － 7 － 13

電話 03（3221）5361（代表）／ FAX 03（3222）7878

E-mail▶info@bks.co.jp URL▶https://www.bks.co.jp

落丁・乱丁はお取り替えします　　　　　印刷・製本／シナノ印刷㈱

ISBN978-4-8283-1062-6 C2034

本書のコピー、スキャン、デジタル化等の無断複写は、著作権法上での例外を除き禁じられています。購入者以外の第三者による本書のいかなる電子複製も一切認められておりません。